VIVRE DANS LA GRANDEUR

Acquérir Sans Effort Les 13 Richesses de la Vie

Deuxième Edition

Traduit de l'américain par Luc Griffet

Titre original :

STANDING TALL

Acquiring the 13 Riches of Life Effortlessly

Copyright © 2016 by Mark Januszewski

www.WorldsLaziestNetworker.com and www.MarkJBooks.com

Tous droits réservés. Aucune partie de ce livre ne peut être reproduite, distribuée, ou transmise sous quelque forme que ce soit, ni par aucun moyen, y inclus par photocopie, enregistrement, ou autres méthodes électroniques ou mécaniques quelconques, sans la permission écrite préalable de l'éditeur, à l'exception de brèves citations incluses dans des revues critiques ou certains autres usages non commerciaux autorisés par la loi sur les droits d'auteur.

Première Edition : Mai 2017

Éditeur : BoD-Books on Demand, 12/14 rond point des Champs Élysées, 75008 Paris, France
Impression : BoD-Books on Demand, Norderstedt, Allemagne
ISBN : 978-2-322-19047-8
Dépôt légal : Novembre 2019

« Si vous avez la chance d'être parmi les quelques personnes qui trouvent quelqu'un qui vous tolérera... »

Les Femmes aux Pieds Nus (« Barenaked Ladies »)

Je fais partie de ces rares personnes chanceuses. Mon épouse, la fabuleuse Davene, ferait passer Job, le gars de la Bible, pour quelqu'un d'impatient.

Sans toi, ce livre n'aurait jamais été écrit.

Bien que la liste des choses que tu nous apportes chaque jour est virtuellement illimitée, le cadeau sans prix qui envahit mon cœur a été ta croyance en moi et le fait d'avoir serré les coudes avec moi quand nous avions tout perdu et que nous étions ruinés. Et je souhaite à chacun et chacune d'entre vous, qui avez la gentillesse de lire ce conte, le même type de croyance inébranlable et de support que j'ai eu l'occasion de recevoir.

Chapitre Un

Une Fable ?

Il y a un vieux dicton qui dit, « Les faits ne devraient jamais se mettre en travers d'une bonne et longue histoire. »

Est-ce que la Mer Rouge s'est réellement ouverte ? Est-ce que Bouddha a réellement trouvé l'illumination sous l'arbre de la Bodhi ? Est-ce que la baleine a vraiment avalé Jonas ?

Ces histoires ont-elles survécu parce qu'elles sont de précieuses métaphores pour les plus perspicaces, ou bien se sont-elles réellement passées ? La plupart des gens sont des cynico-sceptiques. Le moindre indice de suspicion les fait douter, et ils rejettent alors le message tout entier.

Je mentionne ceci, car, lorsque ce conte des Sept Anciennes Vérités et La Carte m'ont été transmis par Doc – lui qui était si aimable – mon scepticisme m'a rapidement amené jusqu'à l'incrédulité. Avez-vous déjà souhaité que quelque chose soit vrai, mais, malgré toute votre bonne volonté, vous avez vraiment eu du mal à le croire ? On m'a dit que les Sept Anciennes Vérités et La Carte des 13 Richesses de la Vie que je m'apprête à partager avec vous se sont transmises d'une personne à l'autre, écrites à la main par chaque passeur, pendant plus de 4000 ans.

Pour moi, la transmission de ces Vérités d'une personne à l'autre pendant des siècles, eh bien, c'était inimaginable. Mais attendez...cela devient encore plus imposant sur l'échelle des anciennes croyances. On prétend que les gens qui adoptent les Vérités et travaillent en conformité avec elles peuvent alors comprendre la Carte des 13 Richesses de la Vie qui leur est associée...et acquièrent ainsi une grande richesse dans tous les domaines de leur vie. Mes collègues blogueurs ne connaissaient rien à leur sujet – il n'y avait aucun enregistrement écrit de la Carte des 13 Richesses de la Vie nulle part. Mes recherches ne m'ont mené virtuellement à rien...juste à quelques indices obscurs qui semblaient suggérer que les Vérités existaient et que « le truc de la fortune » - quoi que cela puisse vouloir dire – était vrai. J'ai remarqué, bizarrement, que j'étais en conflit. Espoir contre cynisme.

Dans le monde des solutions rapides d'aujourd'hui, de la gratification instantanée, des promesses de solutions à la poudre de perlimpinpin du développement personnel pour tout ce qui nous fait mal, entendues dans les séminaires d'un week-end, et des promesses non tenues qui s'ensuivent invariablement, le scepticisme est à son comble. Si vous êtes sceptique, je ne peux pas vous le reprocher. Je l'ai été, même lorsque les Vérités m'ont été transmises.

Embourbé dans les dettes et le désespoir, j'ai vendu ce que je pouvais pour m'acheter un billet d'avion, et je me suis rendu à Kauai, dans l'archipel d'Hawaii. Je voulais rencontrer un gars qui avait laissé un commentaire sur un blog que j'avais écrit, et dont je parlerai plus tard en détail. Je ne connaissais pas les Anciennes Vérités jusqu'à ce que nous nous rencontrions chez lui. En un an, mes dettes et mon désespoir ont été remplacés par la paix et la prospérité. Aujourd'hui, je vis à Kauai, bien loin de mon studio d'une pièce à Seabrook, dans le New Hampshire. De temps en temps, j'ai encore du mal à croire que je suis payé pour faire ce que j'aime...mais c'est vrai. Et les 13 Richesses ? Oui, elles continuent à affluer. Ce sont les faits.

Je me suis un peu trop avancé, donc laissez-moi repartir du tout début.

Voici comment cela s'est passé...

Chapitre Deux

La Terrasse

« Pourquoi tu ne veux pas me le dire ? » demanda Doc.

Toni était silencieux.

« Pourquoi ? » demanda Doc à nouveau, contrôlant sa voix pour ne pas crier. « Pourquoi ? Pourquoi ne veux-tu pas me dire comment tu es devenu aussi riche ? » Cette fois, il ne réussit pas. Doc criait dans le téléphone.

Toni resta calme et expliqua, pour la seconde fois, pourquoi elle ne voulait pas encore partager ce qu'elle avait fait pour atteindre une telle réussite financière.

« Ecoute, je ne suis pas en train de dire « non. » Simplement « pas encore. » Je ne veux pas mettre en péril la valeur de cette relation, de cette amitié, et pour l'instant, c'est exactement ce qui semble se passer. »

« Pourquoi penses-tu que cela pourrait être en péril ? C'est moi qui suis en péril, Toni. Mon salaire a été réduit de 25 pourcents, et un autre 25 pourcents va disparaître dans quatre-vingt-dix jours. Je me retrouve soudainement tout seul à élever deux enfants, et... »

« Doc. Arrête ! » Elle éleva un tantinet la voix, pour interrompre la diatribe de Doc.

Il continua à marmonner sur ses ennuis, mais il avait entendu son injonction d'arrêter, et sa voix s'évanouit aux environs des deux-tiers de sa liste de circonstances négatives.

« Continue à demander et continue à faire ton travail », dit Toni sur un ton doux et encourageant. « Sache simplement qu'un jour, tu pourras vivre dans la grandeur et la richesse dans tous les domaines de ta vie, tu seras un vainqueur sans peur, plus jamais une victime apeurée. »

***

Je demandai à Doc si c'est de cette manière qu'il se rappelait la conversation, ou s'il l'avait simplement généralisée. Il resta assis silencieux pendant un moment. Un long moment. Je commençai à me sentir anxieux et je me demandais si je devais parler. Difficile de dire, cette première fois-là, combien avait duré le silence, mais j'en vins à comprendre que Doc était quelqu'un qui réfléchissait avant de parler.

L'anxiété passa. Devint inconfortable. Avez-vous déjà été dans une situation où vous ne savez pas si vous devez parler, changer de sujet, ou reposer la même question ? Je cédai et répétai la question. A peu près.

Il leva la main lentement quand je commençai à parler et regarda dehors depuis la véranda. Il pointa du doigt l'océan et demanda, « Est-ce que l'océan te paraît plus grand...plus grand que les autres fois où tu l'as contemplé ? »

J'acquiesçai de la tête. Il sourit et continua à regarder la mer. J'étais quelque peu soulagé de bénéficier d'un moment de répit par rapport au regard perçant qu'il m'adressait depuis le moment où j'étais arrivé. Ce n'était pas tant perçant que profond. Lorsqu'il me regardait, il me regardait dans les yeux, sans jamais détourner le regard.

« Savais-tu que ceci est la plus grande plantation de café des Etats-Unis ? Juste ici à Kauai, juste là, » sa voix montait avec un enthousiasme enfantin. « Je suppose que toutes les couleurs sont magnifiques, mais il y a quelque chose à propos du vert de ces champs de caféiers qui s'étalent jusqu'à cet immense océan bleu qui me fait quelque chose à l'intérieur de moi... »

« Je ne suis pas sûr de comprendre ce que tu es réellement en train de dire, mais il semble que tu es en train de me dire quelque chose, Doc. Est-ce le cas ? » demandai-je.

J'ouvris ma bouche pour parler, mais il n'avait pas fini.

« Il est toxique de conduire dans ces champs de caféiers lorsqu'ils sont en fleur. C'est une théorie que j'ai sur la raison pour laquelle les gens sont fatigués ici vers 8h du soir. Et, oui, je suis en train de partager quelque chose avec toi, Mark. »

« Et de quoi s'agit-il ? »

« La plupart des gens, quand tu les questionnes sur les grands moments de leur vie, les partagent relativement bien, mais, si tu écoutes attentivement, tu peux dire qu'ils n'étaient pas réellement présents lorsque tel grand moment s'est produit, » dit Doc. « Simplement être ici avec cet instant, dans cet instant. Et, oui, c'est ce qui s'est dit, mot pour mot, entre moi et Toni. »

Chapitre Trois

20 Heures Plus Tôt

Le pilote annonça que nous arrivions à Kauai par la côte sud, et, si on regardait par les fenêtres du côté gauche de l'avion, on pouvait voir « l'Ile Jardin. »

Je remarquai que l'excitation en moi grandissait, et je me retrouvai debout dans le couloir regardant par les hublots. J'avais fait un nombre respectable de voyages en avion ces trois dernières années, et je devais admettre que l'attitude des passagers sur ce vol-ci était très différente de celle dont j'avais pu être témoin sur les vols précédents. L'excitation et les bavardages sur le vol depuis Seattle m'avaient ennuyé. Hé, j'étais préoccupé : je voulais être prêt pour ma grande interview avec une personne qui avait traditionnellement évité les médias.

Ma meilleure supposition, maintenant, est que je ne pouvais juste pas imaginer pourquoi il m'avait dit « oui » à moi. La rumeur qui planait sur lui était qu'il était « par là-bas » et foncièrement reclus. Je suppose que le bonheur, l'anticipation, et l'excitation que les passagers expérimentaient étaient ressenties comme des interruptions qui brouillaient ma concentration. Maintenant, j'en sais plus. Je sais qu'il s'agissait d'une peur égocentrique. J'ai manqué une grande quantité de magnifique énergie, parce que j'étais simplement en train de penser au futur – l'interview – au lieu d'être dans l'instant présent.

C'était mon premier voyage à Hawaii, et bien que j'eusse fait quelques recherches en ligne, rien n'aurait pu me préparer à la vue par la fenêtre. L'océan, les montagnes et la jungle...Je pris une courte pause avec moi-même et avec mes peurs, et je me permis à moi-même de profiter de cette excitation montante.

Cela ne dura pas longtemps. Nous atterrîmes, je pris possession de ma voiture de location et me rendis au Sheraton au sud de l'île. Je m'enregistrai à la réception et fut plaisamment surpris de recevoir une chambre de plus haut standing que ma réservation, avec vue sur l'océan. Il y avait un panier de fruits dans la chambre de la part de Doc et son épouse, avec un billet qui me fit sourire :

> *« Profitez de la vue et des fruits. Relax, tout va bien. Notre maison n'est qu'à 20 minutes d'ici. Il y a un plan dans l'enveloppe. Appelez si vous avez le moindre problème pour nous trouver. »*

Chapitre Quatre

Une Semaine Plus Tôt

« Est-ce que ce reclus t'a dit pourquoi il t'invitait à Kauai ? » me demanda ma meilleure amie, Joanne, avec un air de désapprobation, en avalant un peu plus de vin. Ouille.

« En quelque sorte, » marmonnais-je. J'avais une assez bonne idée de ce qui allait suivre et cela arriva.

« Mais c'est quoi toutes ces bêtises ?» Joanne était terre à terre. Elle était cynique. Elle était brutale et dans le jugement. « Est-ce qu'il paie ton voyage jusque-là ? »

« Non » dis-je, en baissant les yeux. Elle n'avait pas tort. L'état de mon compte en banque ? Misérable.

Joanne était une amie proche. Lorsque je lui avais confié avoir été invité à Kauai, je lui avais demandé de se renseigner à fond sur ce gars, Doc, en allant au-delà des choses habituelles trouvées en page un de Google. Elle faisait cela très bien, et je voulais qu'elle creuse profondément, pour que je sois préparé. Lorsque j'en parlai pour la première fois, elle bailla. Intentionnellement. Bruyamment. Elle avait utilisé un langage corporel excessif pour s'exprimer. Par-dessus tout, pour une certaine raison que je n'ai jamais comprise, Joanne se montrait protectrice à mon égard.

« Que veux-tu dire, 'en quelque sorte' ? Je veux dire, tu es un écrivain indépendant, et tes articles se vendent combien ? En moyenne, quel montant tu vas pouvoir recevoir pour un article ? »

Elle savait que c'était entre $300 et $800. Je ne dis rien, regardant simplement la pointe de mes chaussures.

« Donc, ce clown, qui d'après toi ne donne jamais d'interview sur la réussite, t'a demandé de venir à tes propres frais. Je ne comprends pas. Si c'est un grand article, s'il y a quelque chose de très spécial dans l'article, et que quelqu'un l'achète, tu perds toujours de l'argent ? Tu es fauché, idiot. »

Mon esprit commença à s'emballer, pesant le pour et le contre. Je pensai, *Elle va m'écharper d'un côté puis de l'autre si je lui confie ce que m'a dit Doc à propos de ce qui pourrait se passer.* J'avais appris que partager des espoirs et des rêves avec Joanne n'était pas une bonne idée lorsqu'elle se trouvait dans son mode de protection.

Chapitre Cinq

Plusieurs Mois Plus Tôt

Six mois plus tôt

Dans les temps d'avant ma visite à Doc, mon blog sur le travail à domicile avec des firmes de vente et des sociétés en ligne générait en moyenne 15 à 30 commentaires par semaine. Le thème général de mon blog est que, bien que quelques personnes s'en tirent bien avec les compagnies de marketing de réseau, les firmes de vente directe et les compagnies en ligne, le pourcentage global de réussites par rapport aux échecs est faible.

Dans un des articles du blog, je partageais des chiffres de la DSA (Association de Vente Directe), et quelques statistiques supplémentaires que j'avais rassemblées. Dans l'article, j'utilisais les statistiques pour montrer que, bien que les gens *ont la possibilité de* réussir, en pratique bien peu réussissent. La plupart des gens qui écrivent un blog pour vivre ou qui cherchent à construire une audience pour rendre leurs articles de freelance plus commercialisables savent qu'encourager les gens et les inviter aux commentaires sur des choses qui les passionnent est la manière intelligente de procéder.

Cet article-ci de mon blog avait eu beaucoup plus de commentaires que le reste de mes articles. La plupart des commentaires venaient de gens qui étaient dans une forme ou une autre de travail à domicile, et chacun expliquait pourquoi son affaire était différente, meilleure, ou celle qui marchait le mieux.

En lisant les commentaires ce jour-là, je tombai sur l'un d'eux qui m'intrigua réellement. Il disait :

*J'apprécie l'article. Votre information sur le taux de réussite est précise, mais elle n'est pas vraie. Même s'il y aura toujours des compagnies bonnes, mauvaises ou indifférentes avec lesquelles les gens peuvent s'associer, en parallèle avec les magouilleurs et les escrocs habituels, la vérité est que ces personnes ont décidé, inconsciemment, d'échouer ou de réussir, **avant même** d'avoir sorti leur carte de crédit pour s'enregistrer. Leur formatage intérieur a prédéterminé le résultat. Ceci inclut, bien sûr, le choix initial de qui l'on va rejoindre. Continuez ce bon travail, et creusez un peu plus si vous voulez être grand. Information et vérité ne sont pas les mêmes choses.*

Cela avait capté mon attention. Je voulais savoir qui avait laissé le commentaire. Il apparut que c'était un gars nommé Doc, qui apparemment faisait pas mal de bruit et gagnait de belles sommes en travaillant à son compte dans des affaires à domicile. Je commençai à fouiller un peu partout et trouvai un nombre incalculable de vidéos sur YouTube, deux blogs et deux sites web convenables. Il était très actif en ligne. Sa chaîne YouTube, qui diffusait des astuces pour travailler depuis son domicile, avait plus de 500,000 visites. J'imaginai qu'il s'agissait d'un autre de ces « colporteurs malins », faisant des commentaires similaires sur un tas de blogs pour attirer la curiosité des gens et les emmener ensuite sur son site pour pouvoir leur vendre ses « secrets. » Une pratique assez courante.

J'étais sur le point de quitter son site web, lorsque je remarquai quelque chose d'inhabituel. Je ne voyais pas de page « produit » faisant la promotion de quoi que ce soit à vendre, ce qui est drôlement inhabituel pour n'importe quel type de blog. Je devins curieux, imaginant que j'avais dû rater l'un ou l'autre lien pour l'achat de livres, ou de CD, ou un autre type de produit. Je sautai de page en page, mais je ne trouvai rien de tout cela. Je regardai de manière plus approfondie, passant en revue plusieurs mois d'articles de Doc dans le but de trouver une présentation de vente quelque part dans son blog. Je ne trouvai rien.

Au lieu de cela je découvris une quantité énorme de vidéos, dans lesquelles Doc enseignait quelque chose de très spécifique. Ce n'était pas quelque chose de général, remettant quelques idées simples au goût du jour, ni les speechs habituels de motivation, mais uniquement un contenu dans un langage clair et transparent. C'était confrontant et direct – cela remettait réellement en cause ce qui était normalement enseigné sur le gain de revenus. Les deux leitmotifs de ses vidéos étaient le bon sens et la responsabilité personnelle.

Ensuite, je remarquai une autre chose encore plus intéressante. Il n'y avait rien eu de neuf depuis une paire d'années. Je me branchai sur un site qui donnait des notations et un rang aux blogs consacrés au travail à domicile avec le marketing de réseau. Je vis la liste habituelle des personnes connues au-dessus, et sachant qui étaient la plupart d'entre eux, je savais qu'ils dépensaient tous de l'argent pour promouvoir leur blog. En descendant dans la page, je vis que le blog de Doc occupait la 18ème place mondiale, et affichait ce texte :

Ce blog contient plus de contenu de VALEUR que n'importe quel autre blog sur le marketing de réseau publié sur Internet. Plus de savoir-faire gratuits que n'importe qui n'aura jamais besoin, et on y donne des cours gratuits. Des Cours qui changent la vie.

Maintenant, j'étais curieux. Gratuit ? Tout ?

Je me dirigeai sur http://masterkeyexperience.com , un autre site de Doc lié au site du « Lazy networker » (NDT : le « réseauteur paresseux »). En parcourant cet autre site, j'étais certain de trouver là les produits et les cours à vendre. Je pensai, « *Aha ! Il y a un cours qui est proposé ici ! J'ai compris : il leur donne quelques trucs, leur laisse les essayer et avoir une idée de ce qu'il propose, et ensuite, il les conduit vers ce site-ci, où il leur fait la vente.* »

Me sentant sûr de moi, je cliquai sur la page concernant le cours et je découvris qu'il n'était proposé qu'une fois par an. La description du cours mentionnait qu'il y avait à faire six mois de travail quotidien qui aide les gens à s'aider eux-mêmes. Le texte en-dessous des vidéos affirmait que virtuellement tous les cours de développement personnel et les séminaires avec de grandes promesses sont une perte de temps, que des slogans ne vous feront pas réussir, et que seul un dur travail mental peut apporter la réussite et l'abondance. Il indiquait de manière franche et rafraîchissante que le changement est un défi, et que la plupart des gens ne feraient pas le travail.

Ensuite, je lus quelque chose que je ne peux toujours pas comprendre. Le site disait que tous les gens acceptés pour le programme nommé la MasterKeyExperience y entrent par l'intermédiaire d'une bourse. La bourse est prépayée pour eux par les membres précédents. Les gens ne paient qu'un dollar pour recevoir leur bourse. Pendant le cours, les nouveaux membres décident ce qu'il vaut pour eux, s'il vaut quelque chose, et peuvent « payer à l'avance » pour l'année suivante...ou pas. Hum ?!

Je pensai, *Qui est ce gars* ?

En regardant plus en profondeur dans les deux sites, je vis des vidéos de Doc et de son épouse vivant à Kauai, vivant son rêve, et, c'est bien ce qu'ils font apparemment, malgré qu'ils aient des sites web sans rien à vendre. Je me demandai, *Comment fait ce gars pour gagner sa vie ?*

Nous avons tous vu des centaines de sites affirmant avoir de l'information qui « change la vie » (à vendre, bien entendu), avec des témoignages attestant de la magie du programme. Au lieu de cela, ce que je trouvai sur le site de Doc était exactement l'inverse. Il disait que « personne ne peut changer la vie de quelqu'un » et que « la sagesse et la connaissance avaient besoin de changement et que réussir unilatéralement est déjà en chacun de nous. » Le site montrait comment les gens font des changements « à l'intérieur » et créent différents résultats, créant de nouvelles réalités pour eux-mêmes. Et – comprenez ceci - il disait que la nouvelle réalité n'apparaissait pas en réalisant des actions massives, et que l'action massive était, en fait, une perte de temps totale.

Ce qui se passa ensuite me stupéfia. Le site disait, « Ne me croyez pas sur parole ; lisez quelques-unes des histoires par vous-même. » Je cliquai sur un lien, m'attendant à voir les cinq ou dix témoignages des fans inconditionnels. Au lieu de cela, je découvris une adresse internet avec des liens vers des centaines et des centaines et des centaines de blogs. Doc suggérait, dans une courte vidéo, de choisir quelques-uns de ces blogs, de remonter jusqu'à « Semaine une » de n'importe lequel d'entre eux, et de suivre le parcours des blogueurs sur l'ensemble des 26 semaines.

Je lus des histoires de défis, de luttes, de victoires et de défaites que tous et toutes avaient vécus. Je lus comment les étudiants de Doc s'étaient retrouvés submergés par tout le travail qu'ils avaient à faire pour maintenir leur bourse, et, au fur et à mesure que les articles de blogs avançaient pendant leur parcours, je lus comment ils avaient commencé à s'adapter et à se sentir confiants. Je lus des choses à propos de changement, de fierté, d'effort, et des hauts et des bas qu'ils expérimentaient. Je fus frappé de réaliser que ce que j'étais en train de lire étaient des comptes-rendus sur la manière dont l'esprit humain est mis au défi, et ensuite, surmonte les obstacles.

Environ 700 personnes ayant traversé la « MasterKeyExperience » avaient écrit un article une fois par semaine pendant 26 semaines ou plus. Il y avait plus de 20,000 articles qui disaient des choses folles sur ce cours. Des gens du monde entier, mettant en ligne des articles dans des douzaines de pays des cinq continents, travaillaient dur et créaient du changement dans leurs vies. Pour la nième fois ce jour-là, je pensai, « *Qui diable est ce gars ?* »

Que pourraient bien obtenir tous ces gens en écrivant chaque semaine, partageant des détails intimes sur leurs difficultés ? Les tags relatifs au site étaient

#MasterKeyExperience et #NothingLikeIt.

Qu'est-ce qui pouvait bien pousser autant de gens à écrire chaque semaine ? Que pouvait déclencher cette « expérience » pour amener tous ces gens à ouvrir leur cœur et leur âme et leur vulnérabilité au monde ? Un examen minutieux en ligne de tous les grands du développement personnel et des conférenciers en motivation montrait qu'il n'y avait rien de comparable sur la planète à ce type de plébiscite universel en nombre si élevé. Clairement, comme le disait le « hashtag », il n'y avait rien de comparable (« #NothingLikeIt ») par rapport à tout ce que j'avais déjà vu en ligne. A nouveau, je revins à mon refrain habituel de la journée, « *Et cela coûte un dollar ? Qui diable est ce gars ?* »

J'en vins à penser...plus de 20,000 adhérents ? Cela peut-il être vrai ? Je lis 26 semaines d'histoires après 26 semaines d'histoires sur la manière dont les gens changent leur vie, leurs relations, et améliorent leurs affaires. Tout aussi fascinant était le fait que les blogs n'étaient pas en train d'élever Doc au rang de gourou ou de clamer qu'il y avait un quelconque « secret » ou une quelconque « magie » ...Ils semblaient tous acquérir l'amélioration par leurs propres efforts et se sentir bien par rapport à cela. A ce stade, ma curiosité était à son comble.

En lisant le parcours de nombreux blogueurs et en lisant les changements qu'ils réalisaient dans leur vie, mes propres difficultés financières et mes échecs relationnels attisèrent encore le feu de ma curiosité. Mon esprit filant à la vitesse de l'éclair, je savais que je devais trouver un moyen d'obtenir une interview. Je savais que ce serait une excellente interview, mais en vérité, je voulais aussi savoir comment ces gens créaient les changements, car j'avais besoin d'en faire quelques-uns moi aussi.

Ma recherche déboucha sur une seule interview de l'inimitable Doc. Une seule ! Pas encourageant. Je trouvai des vidéos de lui en train d'interviewer des tas de gens depuis la véranda de son domicile, mais seulement une interview avec lui, en personne. Sans me décourager, je le contactai et lui demandai une interview en face à face.

Mon email dans lequel je demandais une interview conduisit à une série d'échanges par e-mail dans les six mois suivants.

>Cher Doc,
>
>Merci pour votre commentaire récent dans mon article de blog sur le taux de réussite et d'échec potentiel des gens travaillant leurs affaires à domicile. J'ai été particulièrement intrigué par votre affirmation sur la réussite ou l'échec d'une personne qui serait fixé avant qu'elle n'ait sorti sa carte de crédit pour s'inscrire.
>
>J'aimerais en apprendre plus sur comment et pourquoi vous ressentez les choses comme cela. Plus intéressant encore pour mes 10,000 lecteurs serait de savoir comment vous êtes passé de la faillite à votre installation au bord de l'océan, comme vous le mentionnez dans les vidéos. Les gens voudraient savoir ce que vous avez fait pour obtenir ce que vous avez. Je suis absolument certain de cela. Ce serait assurément une question, « Qu'avez-vous fait pour obtenir ce que vous avez ? »

Je crois aussi que la publication aidera plus de gens à découvrir votre cours « Master Key Expérience. » Accepter une une interview informera et aidera des milliers de lecteurs ; je suis aussi certain de cela.

Sincèrement,

Mark

Je reçu la réponse suivante assez rapidement, 2 jours après :

Aloha Mark,

J'apprécie votre message. Je ne quitte pas Kauai, donc une interview devrait avoir lieu ici. Bien que j'aime votre style d'écriture et que je suis votre blog depuis un certain temps, et vous apprécie pour votre choix du professionnalisme au détriment du sensationnalisme, il y a deux choses qui font encore obstacle à une rencontre entre nous.

Un : demander ce que nous avons fait pour obtenir ce que nous avons eu est la mauvaise question. C'est la question que les gens qui ont décidé d'échouer ont tendance à poser. Cela n'aidera pas vos lecteurs.

Deux : Je ne donne pas d'interviews. Si vous ne pouvez pas trouver la bonne question, cela fera de vous la mauvaise personne à rencontrer pour ce que j'ai en tête.

Réglez le point Un d'abord.

Continuez à donner pour continuer à grandir,

Croyez,

Doc.

Cinq mois plus tôt

Cher Doc,

Il semble que vous voulez que je trouve quelque chose, et pourtant, dans vos sites, j'ai la nette impression que vous pensez que jouer avec des choses sérieuses, c'est du vent.

Seriez-vous en train de dire que si nous pouvons résoudre les choses, nous nous rencontrerons et ce sera plus qu'une interview ?

Sincèrement,

Mark

Il répondit :

Aloha Mark,

Oui.

Continuez à donner pour continuer à grandir,

Croyez,

Doc.

***

Quatre mois plus tôt

Cher Doc,

Dans votre premier email, vous disiez que vous aimiez mon style. Sommes-nous en train de parler d'un livre ou de quelque chose de ce genre ?

Sincèrement,

Mark

Il répondit :

Aloha Mark,

LMAO. Que serait « quelque chose de ce genre » en décrivant un livre ?

Continuez à donner pour continuer à grandir,

Croyez,

Doc.

***

Trois mois plus tôt

Cher Doc,

Je suppose que « quelque chose qui ressemble à un livre » est idiot. Ai-je perdu des points pour le style ?

Sincèrement,

Mark

Il répondit :

Aloha Mark,

Oui, vous avez perdu des points pour le style, mais vous avez gagné des points pour l'humour et l'humilité.

Continuez à donner pour continuer à grandir,

Croyez,

Doc.

***

Deux mois plus tôt

Cher Doc,

Je suppose que la seule chose qui fait obstacle à notre rencontre pour une interview qui n'est pas une interview et pour faire « quelque chose qui ressemble à un livre », dépend entièrement de moi. Quelle est la question que je devrais poser au lieu de « Qu'avez-vous fait pour obtenir ce que vous avez ? »

Seriez-vous prêt à m'aider à découvrir cela ?

Sincèrement,

Mark

Sa réponse :

Aloha Mark,

Oui.

Continuez à donner pour continuer à grandir,

Croyez,

Doc.

Un mois plus tôt

Cher Doc,

Votre dernier message était difficile à comprendre, très prolixe :)

Je ne suis pas sûr de savoir quelle est la prochaine étape, mais après avoir passé quelque temps sur votre site, je crois que je sais ce que mes lecteurs ont besoin de savoir pour avoir plus de succès.

C'est la partie être-faire-avoir, n'est-ce pas ?

Ce n'est pas « Qu'avez-vous fait pour obtenir ce que vous avez ? » ça c'est la mauvaise question.

On a besoin « d'être » une personne différente, ce qui permet de faire des choses différentes qui amèneront à avoir des choses différentes, ça semble être l'essence de ce que vous partagez.

Donc, je vais vous demander, « Comment pouvons-nous être une personne différente, tout en préservant ce que nous sommes vraiment ? Sans ressentir que nous imitons quelqu'un d'autre ? »

Sincèrement,

Mark

Il répondit :

Aloha Mark,

Impressionné.

Donc j'ai reçu ce message, et j'ai besoin de quelqu'un ayant votre style d'écriture pour présenter ce message dans une histoire. Vous voyez, si vous voulez devenir célèbre, ceci ne marchera pas. Le message a besoin d'être la star, pas l'écrivain, ni moi. Nous recherchons une myriade de gens qui deviennent les héros dans leur propre vie, pas des stars.

Si vous comprenez le message, il vous rendra riche dans tous les domaines de votre vie, pas uniquement financièrement. Pour de nombreuses raisons, vous devez l'écrire avec un nom de plume. Nous approfondirons ce sujet quand nous discuterons dans ma véranda. Je ne quitte pas mon île, comme vous le savez.

Partant ou non ?

Continuez à donner pour continuer à grandir,

Croyez,

Doc.

Vingt-Neuf Jours Plus Tôt

    Cher Doc,

    Partant.

    Sincèrement,

    Mark

Il répondit :

    Aloha Mark,

    On se voit dans un mois.

    Continuez à donner pour continuer à grandir,

    Croyez,

    Doc.

Et ainsi commença mon propre voyage, en même temps que ce livre que vous êtes en train de lire.

Chapitre Six

Une Semaine Plus Tôt

Ce jour-là, lorsque Joanne, ma protectrice auto-proclamée, dure, cynique, passa à mon petit appartement pour sa recherche, je remarquai son regard furieux. Embarrassé, je détournai les yeux vers le bout de mes chaussures. Elle avait répété, méga-fort, « Donc ce clown, qui d'après ce que tu dis ne donne jamais d'interview sur la réussite, te demande de venir à tes propres frais ? Je ne comprends pas. Si c'est un excellent article, s'il y a quelque chose de si spécial dedans, et que quelqu'un l'achète, tu perds quand même de l'argent ? »

« Cela pourrait être quelque chose comme, euh, une sorte de livre, » dis-je, surprenant Joanne – et même moi-même – par la fermeté de ma voix.

« Vraiment ? » Elle se pencha en avant, avec des yeux doux.

J'étais choqué. Joanne se méfiait à peu près de tout le monde, et elle n'aimait pas la plupart des gens. Je m'attendais à ce qu'elle me crie dessus pour être un optimiste invétéré, comme elle l'avait fait tant de fois auparavant.

« Qu'as-tu trouvé sur ce gars ? » demandais-je.

« Je vais te dire ceci en premier lieu ; il n'est pas populaire auprès d'un grand nombre de gens qui vendent des outils, des contacts, des événements publics, et ainsi de suite dans le marché du développement personnel. Plus je creuse à propos de ce gars, plus ton gars me paraît impopulaire auprès de ce public, Doc. Et, apparemment, les adeptes du développement personnel qui le connaissent ne l'aiment vraiment pas non plus. » Joanne fit une pause. Ensuite elle sourit et dit, « Je l'aime bien. »

« Pourquoi ? » Je m'autorisai à ressentir l'étincelle d'excitation positive. Comme je l'ai dit, Joanne n'aimait personne.

« J'ai fait une recherche sur les gars, et les femmes et les compagnies auprès desquels il n'est pas populaire. Ne pas être apprécié par elles ou eux est un compliment pour les gens qui ont une véritable éthique, » dit Joanne. « Tu sais, toute cette foule de joueurs de pipeau qui vendent des secrets et des sornettes censés être de la motivation...de mon point de vue, ne pas être apprécié par eux indique quelque chose de bien. »

Elle avait à peu près cinq ou six blocs de papier agrafés ensemble dans un classeur. Me rendre à Kauai devint une évidence pour moi. Le doute et la remise en cause de l'effort financier avaient disparu. Elle ouvrit le classeur et me donna un bref aperçu de ce que chaque bloc contenait sur Doc, et ensuite, elle les glissa dans la mallette de voyage de mon ordinateur. Je souris sous le flot de soulagement et d'excitation qui m'envahissait. Par-dessus tout, elle me gratifia de l'un de ses rares et rassurants sourires. Ce n'est qu'en commençant à regarder ses rapports dans l'avion que je découvris les 500$ qu'elle avait agrafés au dos de l'un d'eux.

Chapitre Sept

Retour Sur La Terrasse

Pour des raisons que vous comprendrez bientôt, les noms des personnages et certaines circonstances ont été modifiés. Cela a été fait pour permettre de partager ceci avec vous par écrit, pour développer une galaxie de stars fortunées, et éviter de faire de Doc un gourou super star qui a réponse à tout. Pourquoi vous dis-je ceci maintenant, plutôt qu'au début ? Pour permettre de pousser les lecteurs tels que vous à une compréhension plus profonde de la vraie origine des richesses ; l'intérieur. Vous découvrirez qu'en plaçant les principes au-dessus de la personnalité dans votre propre vie, vous devenez la star, le héros de votre propre vie.

Une chose que Doc m'avait envoyée par email n'était pas complètement claire pour moi, et je voulais clarifier cela d'abord. L'un des emails affirmait que je deviendrais riche dans tous les domaines de la vie, si je comprenais et appliquais le message. Je *suis* devenu riche dans tous les domaines de ma vie. Lorsque j'ai lu cet email pour la première fois, j'ai supposé qu'une telle prouesse serait complexe. Cela n'a pas été le cas. J'ai cru que cela allait prendre beaucoup de temps. Ce ne fut pas le cas. Ce que Doc n'avait pas mentionné, c'est que la difficulté ne se limitait pas à simplement comprendre le message. Il s'agissait aussi de le comprendre suffisamment en profondeur pour pouvoir agir en conséquence dans l'instant présent.

Doc et moi étions assis dans sa véranda, regardant le vaste et magnifique océan au-delà des champs de café. La personne qui avait enseigné à Doc l'information qu'il s'apprêtait à me transmettre avait refusé de partager avec Doc ce qu'il avait demandé : son parcours accéléré vers les gros revenus.

« Donc…Toni a refusé de partager ce message avec vous, car elle pensait que cela aurait menacé la relation ? » demandais-je.

« En danger. Elle pensait que cela aurait mis la relation en danger, » clarifia-t-il avec autorité. Il semblait que la nuance était importante pour Doc, mais, à ce moment-là, je dois admettre que je ne comprenais pas la différence.

« D'accord, en danger. Et ce n'était pas la première fois que vous lui demandiez de partager avec vous ce secret sur la réussite, ni la première fois qu'elle refusait, est-ce exact ? »

Il me regarda droit dans les yeux, et je ressentis quelque chose que je n'avais jamais ressenti. Il y avait cette sensation de compassion qui circulait autour de moi. Doc laissa transparaître un léger sourire, l'un de ceux qui indiquait la connaissance, et en même temps la tristesse. Cela ne dura que quelques secondes, mais c'était l'un de ces moments dans la vie qui peuvent sembler interminable. Sa tête se retourna vers l'océan, et je sus que nous allions entrer dans une autre période de long silence…et un silence très bruyant pour moi.

Après ce qui semblèrent être dix minutes, Doc rompit enfin le silence, « Que ressentez-vous ? » Sa voix était douce, mais, d'une certaine manière, elle sonna bruyamment dans mes oreilles. Peut-être me fit-elle simplement sursauter après un si long silence.

« Je suis curieux à propos de la tristesse que j'ai vue dans ce sourire – dans vos yeux, je suppose – juste avant que vous ne vous tourniez vers l'océan, » dis-je.

Il releva que « curieux » n'était pas un *sentiment*. « Que ressentez-vous ? Pouvez-vous décrire vos sentiments ? »

Je ne savais pas si la volonté de Doc de savoir comment je me sentais était de la manipulation, de la perspicacité, ou autre chose...mais je détournai le regard et admirai en silence le paysage luxuriant.

« Je ne suis pas sûr de ce que je ressens, Doc, » répondis-je finalement, « mais je sais que je suis curieux de savoir pourquoi vous paraissiez triste lorsque vous avez souri après ma question sur les raisons pour lesquelles Toni a refusé de partager ses secrets de réussite avec vous. »

« Il n'y a pas de secret à la réussite, » dit Doc. « Cela me rend un peu triste de savoir que tant de gens croient qu'il y a des secrets ou des mystères à toutes les richesses dans la vie. » Je commençais à entrevoir un motif. Si sa main touchait le côté de son visage, c'est qu'il y avait plus de choses à venir. Dans le cas présent, les vannes étaient prêtes à s'ouvrir... « C'est pour cela que vous êtes ici, n'est-ce pas ? Nous allons mettre de l'ordre dans tout cela et créer une incroyable richesse avec votre « sorte de livre », oui ? »

Choqué. Etonné. Doc était-il en train de dire que j'allais écrire un livre ? Quelque chose que j'avais espéré allait-il enfin me tomber dans les bras ? Est-ce cela qu'on ressent lorsque l'espoir commence à se transformer en réalité ? Dire que mon esprit commençait à s'exciter fortement serait un euphémisme.

Je ne savais pas comment décrire l'entrelacs de pensées et d'émotions qui tourbillonnaient en moi, donc je battis en retraite sur le sujet des secrets de la réussite. « Avant que nous changions le monde, pourriez-vous me dire pourquoi vous croyez qu'il n'y a pas de secrets à la réussite ? N'est-ce pas cela que vous aviez demandé à Toni, Doc ? »

« Je suppose qu'il serait honnête de dire qu'à ce moment-là, je faisais partie des millions de gens qui croyaient qu'il y avait des secrets à la réussite, que la richesse ne concernait exclusivement que l'argent, » dit Doc. « Je fais une supposition ici Mark, mais vos blogs semblent indiquer que vous faites vos recherches avec soin. Je suis sûr que vous savez que je ne suis pas populaire auprès de quelques personnes. » J'acquiesçai de la tête. Il gloussa.

« Est-ce que cela vous ennuie ? » demandais-je. Il rit doucement lorsque j'ajoutai, « Certaines de ces personnes vous écorchent plutôt fort. »

« Les petits esprits parlent de gens. Les esprits moyens parlent d'événements. Les grands esprits parlent d'idées, » dit-il en faisant un clin d'œil. « Parlons de quelques idées, Mark. »

Chapitre Huit

Insécurité, Défaite et Infortune

Ok, parlons d'idées, » dis-je. « Mais d'abord, je serais négligent si je n'insistais pas à propos de vos sentiments. Comment vous sentez-vous à propos de la négativité envers vous que vos concurrents répendent ouvertement sur internet ? »

Ce qui se passa ensuite changea ma vie. Notez-le. Ce qui se passa ensuite me donna l'occasion de changer ma vie, de créer des résultats différents. Je l'intégrai, une fois que je compris sa réponse en quatre mots, et aujourd'hui, je me retrouve à vivre mon rêve, riche de manière inimaginable, grâce à elle. Et la richesse continue à grandir.

« Aime-les tout simplement, » dit Doc avec emphase. A un moment où je pensais qu'il allait s'étendre, expliquer, faire *quelque chose*. Non ! C'était tout, *aime-les tout simplement*.

« Mais ça, ce sont des sentiments. Restons-en aux idées, d'accord ? » lança-t-il. « Tout ce que je peux vous dire c'est que si une personne ne sort jamais de sa zone de sécurité, elle ne comprendra jamais la défaite, ni quel grand professeur la défaite est vraiment. Si les gens ne comprennent pas la défaite, ils ne pourront jamais connaître la différence entre défaite et malchance. Lorsque nous sommes prisonniers dans le cycle de l'insécurité, nous jouons pour ne pas perdre. Jouer pour ne pas perdre, rester coincé là, être en compétition, et se mesurer aux autres, cela nourrit la peur. Jouer pour ne pas perdre n'a rien à voir avec la fortune et nous rend limités dans la perception de la réussite. Réduite d'habitude à l'argent et à l'histoire du gâteau. »

« Que voulez-vous dire, l'histoire du gâteau ? »

Il expliqua que tant que les gens pensent que les ressources sont limitées, ils croient réellement que plus pour quelqu'un signifie moins pour eux. « Par exemple, si je reçois un quart du gâteau, cela ne laisse que trois quart pour tous les autres. »

« Oh, je vois. »

« Vraiment ? » demanda Doc, avec un léger gloussement et des yeux qui indiquaient la compréhension. Après une pause, il ajouta, « Ouais, je suis sûr que vous voyez la métaphore, mais peut-être pas ses sous-titres. Je n'avais pas vraiment compris la signification profonde, ce qui était une autre raison pour laquelle Toni était réticente à partager les Anciennes Vérités sur la richesse unilatérale, la richesse dans tous les domaines de notre vie. »

« Les Vérités ? » demandais-je.

Plus de gloussements et plus de hochements de tête suivirent. « J'ai eu la même question, une vérité est un principe qui est vrai. » Comme sorti de nulle part, il dit « Avant que nous allions plus loin, vous devez me donner votre parole que vous utiliserez un pseudonyme pour écrire sur les Sept Anciennes Vérités, si nous décidons d'aller de l'avant avec « la sorte de livre. » Promettez-moi que vous changerez aussi le nom de tout le monde. Les Sept Anciennes Vérités doivent faire l'objet de toute l'attention, pas l'auteur ni les personnages, et par-dessus tout, pas la richesse. »

Il fit une pause en scrutant mon visage. « Après tout, » enchaîna-t-il, « les Vérités sont vieilles de plus de 4000 ans. Tout revient à un choix entre l'ego de la gloire à court terme et être au service dans l'anonymat, et donc, devenir riche au-delà de tout ce qui est imaginable, » il fit une pause, rit profondément, depuis son ventre, « Cela paraît un peu biblique quand je dis cela à haute voix, pas vrai ? » Ensuite, son visage se détendit, il se pencha en avant, me regarda droit dans les yeux, et dit, « l'ego et l'argent, ou la richesse et la paix de l'esprit ? »

« Puis-je vous demander, eh bien, je dis richesse…mais puis-je vous demander à propos de l'histoire des sous-titres ? A propos de la métaphore du gâteau, dont vous avez dit avoir manqué le message en sous-titres aussi ? » demandais-je.

Doc se pencha encore plus en avant, prit un air très sérieux dans les yeux, et dit « Es-tu partant ou non ? »

« Je ne sais même pas avec quoi je suis supposé être d'accord. » Je suis sûr que je paraissais embarrassé.

« Je vais te raconter une histoire - mon histoire – et ensuite, si tu le veux, je partagerai les Sept Anciennes Vérités avec toi. Tu l'écris comme tu l'entends, l'histoire je veux dire. Mais ne modifie pas les anciens principes de vérité – les vérités – et écris sous un nom de plume. Il y a là, peut-être, une récompense plus grande qu'être un auteur connu. Tu vas apprendre exactement comment récolter des richesses non révélées dans tous les domaines de ta vie, comment mettre les vérités en jeu sans effort, » expliqua-t-il.

« Pourquoi ceci n'a-t-il pas été écrit et partagé avant aujourd'hui ? » Je gagnais du temps.

« Ego ou richesse…es-tu partant ou non ? » demanda-t-il à nouveau, en se penchant en arrière et en plantant ses yeux bleu-vert dans les miens.

J'étais assis là, essayant d'imaginer comment le convaincre d'écrire le livre sous mon propre nom, mais l'anneau de vérité peut avoir une manière très convaincante d'attirer les choses à lui. J'avais beau essayer, je savais que l'ego – mon ego – était au centre de toutes les rationalisations qui tournaient dans ma tête. Nous y étions : le choix. Ego ou richesse ? L'éternel drame humain, celui auquel vous, vous-même, aurez à faire face dans quelques pages, en découvrant les Sept Anciennes Vérités.

Je réalisai très vite que le facteur clé dans cette décision était la confiance. Est-ce que je faisais confiance aux choix qu'il m'offrait, pouvais-je acquérir des richesses non révélées ?

« Partant. »

J'entendis le mot sortir de ma bouche, et je me figeai.

L'orage n'éclata pas, et la foudre ne frappa pas, pourtant c'était le moment après lequel ma vie ne serait plus jamais la même. Quelque part, je savais que j'étais plus que « partant » - j'étais « partant sans retour. »

Insécurité

Doc grandit dans une vieille petite ville industrielle du Massachusetts. Enfant, Doc avait fait de nombreux sports différents, et une fois diplômé de l'université, il décrocha un job de vendeur en assurances, ensuite de livres, puis à nouveau d'assurances. Il vendit aussi des ustensiles de cuisine tout le long de la côte Est en compagnie de ce qu'il appelle une « bande » de colporteurs. Il confia qu'il avait toujours le sentiment d'être rongé de l'intérieur - un sentiment d'inconfort provenant d'une auto-évaluation permanente, comparant ses performances à celles de tous les autres.

« Pire encore, ce qui rendait la sensation d'être rongé de l'intérieur si forte était que je ne me rendais pas compte à quel point j'étais prospère. Le modèle de vivre et de mourir à chaque jeu lorsque j'étais enfant, puis chaque semaine de vente comme bonimenteur...pensant, quelque part, que mes résultats déterminaient ma valeur en tant que personne, je renforçais tout cela encore et encore. Cela devint une habitude, et admettons-le, nous devenons nos habitudes. » La voix de Doc baissa. « Vraiment, je ne me rendais pas compte à quel point j'étais riche. Cela se produisit en un clin d'œil ; réellement. Je m'étais échangé contre des symboles, et c'est de là, mon ami, que vient toute l'insécurité. »

Je l'interrompis et le questionnai sur son affirmation que toute l'insécurité vient de l'échange de nous-même – de ce qu'il appelait « notre pouvoir personnel » - contre des symboles de pouvoir. Presque avec dédain, il dit que cela était détaillé dans la Troisième Vérité.

Considérant sa vie sur les quinze années qui suivirent l'obtention de son diplôme, la plupart des gens lui auraient attribué la réussite. Cependant, sous la surface, les « trois grands » continuaient à le tourmenter : la peur, le doute et l'insécurité.

« La vente est quelque chose que je n'ai jamais réellement aimé, cependant j'y reste collé. C'est un peu comme les sports je suppose. C'est pour cela que j'ai continué à le faire, » dit-il.

« En quoi la vente se compare-t-elle au sport, Doc ? »

« C'est compétitif, et, exactement comme un jeu, tu ne sais jamais vraiment quel sera le résultat. C'est pourquoi les gens le regardent autant ; tu ne sais simplement pas qui va gagner ou perdre...d'où va venir le héros, » expliqua-t-il.

Doc était un producteur toujours au sommet, il avait gagné des prix dans deux énormes compagnies d'assurance, ainsi qu'à Britannica. Il avait remporté un voyage au « Super Bowl » et gagné de gros salaires, mais parmi tout cela, il y avait deux choses qu'il avait partagées et que j'avais trouvées particulièrement fascinantes. D'abord, il n'avait jamais eu de salaire fixe ; il était payé uniquement sur les ventes réalisées pendant la semaine. Deuxièmement, tous les lundis matin pendant quinze ans environ, les « trois grands » ont continué à le prendre à la gorge. La peur. Le doute. L'insécurité.

« J'avais l'habitude de dire aux gens que je croyais que la vie était une commission, que vous pouviez aussi bien avoir un job payé à la commission et recevoir le montant qui correspondait à votre valeur. Tout cela n'était que des foutaises. Cela me consumait, » il poursuivit d'une voix contenue, « et bien que je parusse confiant à la vue des autres, mon comportement était autodestructeur. Chaque fois que l'on m'offrait un poste de management, je trouvais des moyens de me lancer dans des comportements autodestructeurs, de faire quelque chose qui me sabotait, et de trouver l'une ou l'autre raison de partir. »

« Partir ?»

« Abandonner. »

« Et le business des poissons ? » lui demandais-je.

Défaite

Dans son affaire suivante, Doc travailla pour lui-même. Vendre et livrer du poisson rapportait bien, particulièrement à partir du moment où il put se construire un parcours de livraisons régulières et de revenus plus stables. Pendant cette phase de sa vie, dit Doc, ce gros nœud d'insécurité au ventre était toujours présent, mais pas aussi fort que pendant sa période de vendeur. Après sept ans dans cette affaire, il rencontra une femme et eut une fille, Cheyenne. Il avait un fils de dix ans, mais le mariage avec sa mère s'était rompu car ils étaient jeunes et tous les deux autodestructeurs. En 1986, l'année de naissance de sa fille, Doc se promit de corriger ses comportements d'autodestruction pour être un meilleur père pour sa fille qu'il ne l'avait été pour son fils. Doc pensait que cela ne serait pas compliqué. Il suffisait de se promettre d'arrêter de se faire du mal, de ne plus répéter les comportements d'autodestruction.

Il échoua. Quelques fois. Misérablement.

« J'aimais cet enfant, donc, après d'autres déboires, je rendis les armes. Je mis de côté mon ego, rejoignis un groupe, et allai mieux – je guérissais un jour à la fois, » raconta Doc. Lorsque je lui demandai de quel groupe il s'agissait, il ignora la question et me donna les quelques chapitres suivants de son histoire.

Après cela, il essaya cinq affaires à domicile différentes. Il gagnait toujours bien sa vie avec le commerce du poisson, donc il dit, « Les cinq échecs dans ces tentatives n'étaient pas très importants. »

« De quels types d'affaires s'agissait-il ? » Je ne demandais pas simplement pour demander, j'étais vraiment curieux. A ce point de sa vie, Doc avait vraiment été un gars compétitif, et les compétiteurs n'aiment pas l'échec.

Elles étaient toutes pareilles, en essence. Des compagnies de marketing de réseau, comme Nu Skin, Herbalife, et ainsi de suite. Il travaillait ces affaires à temps partiel le soir, après sa journée de livraison de poisson. Il avait le temps, car la relation qui lui avait amené sa fille s'était interrompue aussi vite qu'elle n'avait commencé. Il vivait seul.

D'habitude, les gens confiants et compétitifs ne rejettent pas les échecs ou les défaites, cependant il paraissait nonchalant par rapport à ses échecs successifs. Il ne semblait pas faire preuve de la même ouverture que celle qu'il avait manifesté jusqu'alors. J'insistai donc.

« Je n'étais pas trop préoccupé, car je gagnais plus qu'il n'en fallait en fourguant mes poissons, et j'avais ma fille tous les week-ends, absolument chaque week-end. J'étais assez vieux et clair dans ma tête pour savoir que, bien que les deuxièmes chances soient merveilleuses, elles ne viennent pas en quantité illimitée. Ceci était une deuxième chance d'être un père, un papa. Pas juste un gars qui gagnait de l'argent, mais un gars qui était réellement impliqué. J'aimais cet enfant et je l'aime toujours. Cela aurait été comme si je m'étais mis à manquer de présence avec les gens importants dans ma vie, ceux-là même que j'avais mis sur la touche si souvent pendant mes années d'échec. » Doc fit une pause, puis dit, « les défaites craignent, et là, il y avait cinq défaites. Je ne le nie pas. Je peux supporter la défaite, mais détruire des relations à cause d'une négligence égoïste, c'est encore autre chose. »

Nous parlions depuis un bon moment à propos des relations et des défaites en affaire, lorsque je réalisai finalement qu'il avait tout simplement un ensemble de valeurs différentes de tous les autres hommes d'affaire que j'avais rencontrés jusqu'alors. Il se mesurait par rapport à ces valeurs. Il avait réussi dans la vente d'après les critères de n'importe qui alors qu'il était dans l'insécurité et cherchait à s'en échapper, pourtant, malgré tous mes efforts, je ne détectai aucune émotion de sa part vis-à-vis de ces cinq échecs. Que diable se passait-il ? Je lui dis que j'étais dans la confusion, et il rit à nouveau.

Ce n'est pas si compliqué, expliqua-t-il. « Regardez, j'ai échoué, reçu des coups de pied au derrière dans le même jeu cinq fois, et bien que je n'aie pas aimé cela, j'ai gagné la seule chose qui comptait. Je m'étais gagné moi-même. »

« Qu'est-ce que cela veut dire ? » Ce n'était pas une nouvelle idée – ce concept de se gagner soi-même – mais je voulais réellement savoir ce que cela signifiait pour Doc. Il dit que nous en étions revenus à l'échange de soi contre des symboles, et que nous aborderions ce sujet dans les Sept Anciennes Vérités. Je lui dis que j'avais besoin de plus, que nous avions besoin de « sortir de ce truc cryptique » et en arriver à la vraie histoire.

Il devint très sérieux, se pencha en avant, me regarda droit dans les yeux, et dit, « Tu ne peux jamais arriver *là*. Non, tu ne peux pas te rendre *là-bas*. »

« Alors, pourquoi suis-je ici ? » demandais-je.

Doc s'exclama, « Exactement ! »

« Quoi ? De quoi diable parlez-vous ? » j'étais littéralement en train de crier.

« Là-bas. Tu ne peux jamais être là-bas, » dit-il.

« Dans ce cas...pourquoi suis-je ici...pourquoi suis-je ici avec vous maintenant ? » répétais-je deux fois.

« Exactement. »

Silence. J'avais l'air furieux, tentant de communiquer à quel point j'étais frustré.

Il commença à ricaner, et ensuite, faisant comme s'il essayait d'arrêter de ricaner, il commença à s'agiter dans tous les sens en riant et finalement il éclata de rire. On aurait dit une locomotive à vapeur, se régalant bientôt dans un rire contagieux.

« Qu'y a-t-il d'aussi drôle ? » dis-je quasiment indigné, essayant de ne pas être gagné par sa joie.

Doc répondit, « J'entends mon Moi du passé, mon Moi d'avant la vérité, lorsque j'interrogeais les choses et que j'exprimais la confusion. »

Finalement, Doc se calma et commença à parler d'ironie. Il dit que c'était dans l'ironie de ce qui venait de se passer que se trouvaient les richesses de la vie, et que si je trouvais un moyen de le décrire de manière cohérente, nous pourrions aider beaucoup de gens à apprendre à s'aider eux-mêmes – de Vivre dans la Grandeur et devenir riche dans tous les domaines de la vie, « les treize richesses. »

« Pourquoi est-ce ironique ? »

« Regardez, vous ne pouvez jamais être *là-bas*, car une fois que vous êtes *là-bas*...vous êtes ici. Le bonheur, la santé...la véritable richesse est ici, pas là-bas. Je veux dire, on pourrait croire que nous jouons avec les mots, mais ce n'est pas le cas. Les Vérités et les treize richesses de la vie sont *ici*, pas *là-bas*. La plupart des gens croient que la vie commence pour eux lorsqu'ils arrivent quelque part, vous voyez ? Lorsqu'ils arrivent *là-bas*. Nous nous faisons tous avoir par ce mécanisme de but à atteindre. C'est cela l'ironie. Essayer d'être *là-bas* nous empêche d'être *ici*, et *ici* est le seul endroit où la richesse peut être. »

Je lui dis que cette histoire de « ici et là-bas » me plongeait vraiment dans la confusion, tout comme ce qu'il voulait dire par se faire avoir par « ce mécanisme de but à atteindre. »

Il me demanda de traverser la véranda et me montra un endroit. « Allez là-bas. » Je fis ce qu'il me demandait. Il disparut derrière les portes coulissantes et me demanda de lui crier où j'étais. « Donc, dites-moi, si je vous cherchais, diriez-vous « je suis là-bas » ou bien « je suis ici » ? »

« Je suis ici. »

Il revint dans la véranda. « Je vous avais dit d'aller *là-bas*...mais lorsque je vous ai demandé où vous étiez, vous avez dit *je suis ici*. Vous ne pouvez jamais être *là-bas*, » s'exclama Doc. « Dès que vous arrivez *là-bas*, vous êtes *ici*. Toni m'a enseigné cela, juste avant de me transmettre les Anciennes Vérités, exactement comme elles lui avaient été transmises à elle. »

Il vint vers moi, en souriant, mais toujours avec une tristesse dans les yeux qui démentait son sourire. Doc toucha gentiment mon visage de la pointe des doigts et me donna deux tapes légères sur la joue. Son sourire avait disparu. « C'est juste ici, de la richesse et du rêve débordant. Les gens sont littéralement noyés dedans, mais ils pensent que c'est *là-bas*. Ils ne savent pas que c'est juste *ici*, et tristement, nous passons à côté. » Nous nous rassîmes, et Doc resta silencieux pendant un long moment, avec un air pensif. Finalement, il rompit le silence, « C'est pourquoi je veux faire *cette espèce de livre* et changer cela. »

« Et les cibles ? » demandais-je.

« *Les cibles mouvantes.* »

« Quoi ? »

Doc se mit à expliquer que l'idée des cibles mouvantes était simplement une métaphore pour représenter l'idée du « ici et là-bas. » Si le bonheur, la richesse et la paix de l'esprit sont de l'autre côté de la cible mouvante, et si chaque fois que vous y arrivez, la cible est déplacée, nous ne pourrons jamais ni être heureux, ni être riche. Nous ne pourrons jamais avoir la paix de l'esprit. Le « là-bas » change tout le temps, et comme nous ne pouvons qu'être ici et jamais *là-bas*, déplacer les cibles mouvantes après chaque réalisation conduit à une vie entière durant laquelle nous essayons d'atteindre un endroit où nous ne pourrons jamais être.

« Pouvez-vous me donner un exemple ? »

« Un enfant va à l'école et se fixe le but d'avoir de bonnes notes. L'enfant a de bonnes notes, et ainsi il peut s'inscrire dans une bonne université. Il est diplômé. Est-il heureux ? Maintenant, il est temps pour lui de bouger à nouveau sa cible mouvante et de chercher à décrocher un bon job. Il fait la fête pour une journée, mais pas réellement. Il a déjà de nouveaux objectifs – des cibles mouvantes – définis autour de ses performances au travail. Ensuite, il sera heureux et riche. Il atteint ses objectifs de performance, et, tout de suite, de nouveaux critères de réalisation, ou de promotion, peu importe, sont fixés. En fait, préfixés. Il atteint à nouveau ses objectifs, franchit la ligne de but, et boum, nouveaux objectifs. » A ce stade, Doc devint *vraiment* animé. « Nous sommes adroitement forcés de suivre ce modèle au travail, dans les relations, et la cible devient le mariage, la retraite...les enfants. C'est toujours *là-bas*, et si *là-bas* continue à se déplacer, la prospérité – les vraies richesses de la vie, y compris l'argent – ne vient jamais. Elle est là-bas. »

Infortune

La question évidente pour moi était, *Qu'est-ce qui avait changé cela pour Doc ? Qu'est-ce qui change vraiment pour n'importe qui ?*

« Donc, qu'est-ce qui a déclenché le changement pour vous, et comment avez-vous commencé à vivre votre rêve ? »

« L'infortune, malheureusement. Pour la plupart des gens c'est l'infortune. Cela ne doit pas nécessairement être comme cela, mais c'est comme ça que cela se passe le plus souvent. Il est certain que cela a été le cas pour moi. »

« Comment cela ? » demandais-je.

Il me raconta que cette histoire d'infortune n'était pas nouvelle, et qu'il avait déjà lu des choses à son propos en étudiant Napoléon Hill. Dans le classique du développement personnel écrit par Hill, *Réfléchissez et Devenez Riche*, ce dernier étudia pendant vingt-cinq ans, en face à face, le parcours de gens qui sont passés de la pauvreté à la richesse, ce qui l'a conduit à la fin à émettre le postulat que « les opportunités viennent souvent déguisées en infortunes ou en défaites provisoires. »

« Et pour vous ? »

« Infortune. Et en masse. »

Ceci est donc l'histoire de fond...voici comment l'infortune conduisit Doc à tomber dans la richesse au-delà de toute mesure.

La première ex-épouse de Doc était retournée en Géorgie avec leur fils. Il voyait le garçon pendant les vacances et pendant quelques semaines en été. Cela dura pendant plusieurs années. Doc était satisfait extérieurement de cet arrangement, mais son cœur rêvait d'autre chose pour les longs mois pendant lesquels il ne voyait pas son fils. Son ex-femme ne parvenait pas à se débarrasser de son addiction autodestructrice, la boisson. Son fils était tout pour elle, et ce fut vraiment un geste magnifique lorsqu'elle en confia la garde à Doc. Il était touché et en gratitude pour cette seconde chance. Il avait réglé son propre comportement autodestructeur deux ans auparavant.

La surprise créée par ce cadeau immérité d'être un père actif au jour-le-jour atteignit un sommet lorsqu'il accueillit le garçon à l'aéroport de Boston. Roulant vers le nord en direction de Plum Island, il avait des difficultés à garder ses yeux sur la route. Il regardait continuellement le garçon. Ce n'était que quelques années plus tôt que la vie de Doc avait été un désastre ; un débris ingérable embourbé dans l'addiction. Cela semblait surréaliste, et il avait du mal à croire que c'était vraiment vrai, mais c'était vrai. La preuve était assise à côté de lui dans sa camionnette de livraison.

L'affaire de livraison de poissons de Doc et le parcours qu'il avait construit lui rapportait suffisamment d'argent pour couvrir son quotidien, avec un surplus. Les choses se passaient bien. Il avait des plans pour des choses que lui et le garçon pourraient faire sans créer de tension financière.

Il était toujours dans une forte émotion le matin suivant, lorsqu'il se rendit chez le grossiste à Boston. Teddy, le vendeur du grossiste où il prenait livraison du poisson, avait quelques mauvaises nouvelles. L'industrie du poisson était sur le point de subir un changement majeur. Sa compagnie allait se mettre dans les règles six mois plutôt que les concurrents, pendant que ceux-ci livreraient une bataille perdue d'avance. Teddy, qui avait gagné la confiance de Doc, lui expliqua que les gens et les compagnies qui se mettraient en conformité avec les nouvelles règles de manutention du poisson en récolteraient les bénéfices plus tard, alors que celles qui seraient restées à l'ancienne méthode devraient fermer.

Ils s'assirent et parlèrent. L'argent nécessaire pour se mettre en conformité – avoir le type de camion et l'équipement requis – était un conte de fées. Non seulement Doc n'avait pas les $50,000 que cela coûterait, mais il ne voyait pas non plus comment il allait les récupérer, puisque le prix du poisson allait baisser fortement. Il ne fallut pas une analyse et des calculs compliqués à Doc pour comprendre que son revenu allait baisser de 25 pourcents – rapidement.

Ensuite, les choses empirèrent.

Teddy expliqua à Doc que la compagnie n'allait pas étendre ses lignes de crédit pour couvrir l'augmentation des coûts. Moins de stock et des coûts plus élevés amenaient maintenant la perte de revenus de Doc sur les six mois à venir à un montant proche de 50 pourcents. Moins de bénéfices entrants que de dépenses pour vivre n'était pas une menace – c'était une réalité qui se manifestait en l'espace d'un instant. Soudain, la deuxième chance appréciée comme père, débarrassé de son addiction, prit un chemin émotionnel entièrement différent. Doc se rappela avoir pensé « dans un premier temps le garçon m'a vu principalement comme un clown absent de sa vie, et maintenant il allait me voir échouer. » La terreur s'empara de Doc.

Ensuite, les choses empirèrent.

Le garçon aux yeux bleus et brillants avait attendu que son père rentre à la maison, et il sortit pour accueillir son père quand la camionnette de livraison s'engagea dans l'entrée de la maison. Il souriait. Doc esquissa un sourire et cria par la fenêtre, « Allons au collège pour t'inscrire ! »

« Nana a appelé, Papa, » dit le garçon, « elle a appelé cinq fois. »

Nana, la mère de Doc, était une femme très active et son médecin lui avait annoncé qu'il allait être obligé de déclarer à l'état qu'elle n'était plus en état de conduire. Son glaucome progressait, et elle serait légalement aveugle dans les quelques mois à venir. La bataille de sept ans pour sa vue en était arrivée à l'inévitable conclusion. Rien ne pouvait la consoler, même les assurances de Doc qu'il allait s'occuper d'elle en permanence. Une femme fière et autonome trouvait cela plus déprimant que rassurant. Sa plus grande peur, comme beaucoup des anciens de la Dernière Grande Génération, était de devenir une charge, et dans son esprit, sa plus grande peur était devenue réalité.

Doc lui dit que lui et le garçon se mettraient en route pour venir chez elle dès qu'ils se seraient arrêtés au collège, et qu'ils mettraient en place des systèmes d'aide. Lorsque Doc raccrocha, le garçon lui dit, « Tu dois appeler Chris. Elle a appelé trois fois. »

Ensuite, les choses empirèrent.

Chris était la maman de Cheyenne. Lorsque le garçon avait été libéré par sa maman, Doc avait eu l'espoir, le rêve qu'une réconciliation avec Chris lui aurait donné une chance d'une famille à quatre, vivant sous le même toit. Il y avait pensé tous les jours, en maintenant cette vision. Chris avait autre chose en tête. Elle expliqua à Doc qu'elle avait rencontré quelqu'un qui allait lui donner les fonds pour lui permettre de retourner à l'école à temps plein, et elle voulait que Doc prenne la fille bien plus qu'uniquement les week-ends. La fille avait neuf ou dix ans de moins que son frère, et clairement, aurait besoin de plus de support que le garçon.

Durant ces dernières vingt-quatre heures, Doc avait subi une amputation de ses revenus, était devenu le soutien principal de sa maman, et était devenu un parent à temps plein. Non seulement cela, mais le rêve qu'il avait entretenu était maintenant anéanti.

Il était heureux que le garçon le regardât. En rassurant le garçon, Doc s'empêchait ainsi d'agir sous l'emprise de la panique. En me racontant cette période de 24 heures, Doc m'expliqua que voir son rêve brisé n'était pas si grave, car la réconciliation avec Chris aurait été un désastre en sursis et un siège quotidien durant lequel il aurait dû constamment ranger sa fierté au placard. Ils n'allaient vraiment pas ensemble. Il était plus excité en fait par plus de temps avec sa fille et ses deux enfants sous le même toit, mais il ne voyait pas comment il allait pouvoir gérer les problèmes de temps et de finance.

Deux mois plus tard, la perte de revenu commençait à produire ses effets. Le fils de Doc utilisait même du ruban auto-collant pour tenir ses baskets ensemble. Sur le chemin de la compagnie électrique pour payer la facture, au dernier jour de la date d'échéance pour continuer à avoir de la lumière, Doc promis à son fils qu'ils iraient acheter une nouvelle paire de baskets ce soir-là – il comptait livrer quelques colis de poissons plus petits après son service habituel. Il heurta une bordure de trottoir et creva un pneu.

Maintenant, il avait le choix : réparer le pneu, tenir sa promesse à son fils et lui acheter sa paire de baskets, ou laisser couper la lumière. Doc n'avait pas une détermination et une attitude mentale positives, il était dans le déni. C'était de la malchance, purement et simplement.

Nous étions à la mi-septembre 1993. Doc était pauvre et le désespoir s'installait.

Chapitre Neuf

Le Cadeau du Désespoir

Comme Doc le raconte, un gars nommé Sean Gurken que Doc avait formé à vendre les Encyclopédies Britannica 18 ans plus tôt, l'avait appelé en Janvier 1993 pour lui présenter une opportunité d'affaire à domicile, une compagnie de marketing de réseau pour laquelle des distributeurs indépendants vendent des produits et persuadent d'autres gens de rejoindre leur équipe ou « downline » en vendant aussi. Sean voulait que Doc rejoigne la nouvelle compagnie. Doc avait déjà échoué dans cette industrie cinq fois, et Sean avait été impliqué dans trois de ces échecs avec lui. Sean l'avait enrôlé à chaque fois, avait quitté sans en avoir averti Doc, et ensuite, tenté d'emmener les gens de l'équipe de Doc avec lui dans « la grosse affaire suivante. »

Inutile de le dire, la conversation entre Doc et Sean fut orageuse. Doc adressa beaucoup de mots de cinq lettres à Sean. Sean avoua qu'il avait eu un problème d'addiction au jeu, y avait mis fin, et voulait se réconcilier avec Doc. Doc lui dit qu'il était heureux de l'entendre, qu'il l'encourageait, et qu'étant lui-même une personne obsessive-compulsive, il comprenait. « Mais...ne m'appelle plus jamais pour une affaire ! » cria Doc. Il dit à Sean qu'il était d'accord de discuter de n'importe quoi – enfants, famille, sports, sortir de l'addiction, vraiment n'importe quoi – sauf d'affaire, en renforçant son discours de quelques mots crus et expressifs.

Les choses changent, toujours

Doc vécut ce qu'il appelait le cadeau du désespoir, grâce auquel la fierté cède le pas à la nécessité. Nous étions en septembre 1993, et le blocus de l'infortune avait fait des dégâts : le revenu de Doc s'effondrait, et il élevait ses enfants tout seul. Il décida d'appeler Sean, espérant à moitié qu'il n'avait pas fait grand-chose, et à moitié qu'il gagnait beaucoup d'argent et pourrait lui offrir une solution.

C'est ici que Doc parla en détail de la plupart des gens qui ne voyaient pas que leurs infortunes n'étaient en fait que des opportunités déguisées. Il dit qu'il n'y avait aucune raison pour quelqu'un de subir ce qu'il avait traversé, et que la douleur était inévitable, mais la souffrance optionnelle. Il rit de lui-même, confessant que le nom de Sean lui était venu en tête dès que Teddy lui avait annoncé les mauvaises nouvelles sur les changements dans le commerce du poisson. Pendant les quelques mois qui suivirent, une petite voix lui murmurait le nom de Sean sans arrêt.

« Donc, pourquoi ne l'avez-vous pas appelé ? La fierté ? » demandais-je.

« Non, égocentrisme et déni » répondit Doc.

Finalement, Doc appela Sean et fut surpris d'apprendre qu'il gagnait $1,800 par semaine. Doc ne le croyait pas. Les situations où Sean avait exagéré étaient légions. Doc demanda à Sean de lui faxer des copies de chèques, et lorsqu'elles arrivèrent, Doc rejoint l'affaire, empruntant la plus grosse partie des 400$ pour démarrer.

Ensuite, les choses empirèrent.

Doc livrait ses poissons la journée, et travaillait le soir en faisant des appels de vente, tentant d'amener des gens à se joindre à une compagnie de marketing de réseau appelée Market America. Doc échouait de la même façon qu'il avait échoué cinq fois auparavant. Cette fois-ci pourtant, il avait le cadeau du désespoir. Il fit asseoir les enfants et leur expliqua que Papa allait travailler de sept heures à dix heures du soir au téléphone.

Il se sentait mal de se dire que son fils, Giovanni, devrait devenir une sorte de parent de substitution pour sa sœur. Il se sentait mal de devoir travailler 13, 14 et 15 heures par jour, sept jours sur sept. il se sentait mal, mais il espérait et voulait croire que cela serait temporaire. Il put maintenir cet état d'esprit pendant un certain temps, mais l'espoir céda progressivement sa place au désespoir qui commença à s'imposer de plus en plus fort. Doc était sur le point de ne plus pouvoir payer son loyer – ne pas arriver à faire fonctionner une affaire était une chose, mais ne pas avoir de toit pour sa famille était un tout autre niveau de stress.

Doc entendit parler d'un conférencier connu qui allait passer à Hartford, dans le Connecticut, et puisa dans la jarre « vacances » que ses enfants et lui avaient. Il roula deux heures jusqu'à Hartford, resta dans la salle durant 15 minutes, et se rendit compte que c'était une perte de temps : un autre expert auto-proclamé qui prêchait les objectifs et la persévérance. Doc savait que le gars allait les mener à la vente d'une banale redite de fadaises de développement personnel. Il déambulait dans le couloir. Il devait paraître terrible, car un étranger s'arrêta, l'air inquiet, en le voyant.

« Monsieur, est-ce que ça va ? » demanda-t-il.

Doc fondit en larmes et expliqua au gars qu'il n'aurait peut-être même pas assez d'essence pour rentrer chez lui...Chez lui où l'attendaient deux enfants qu'il n'arrivait pas à nourrir, deux affaires en faillite, et une mère aveugle. L'étranger le conduisit jusqu'à une banquette. Comme par chance, l'étranger avait assez de succès dans les affaires à domicile, et partagea un conseil qui redonna de l'espoir à Doc.

Les Choses s'Améliorent, Temporairement

Les conseils que l'étranger partagea avec lui étaient du bon sens. Il dit à Doc que s'il voulait gagner de l'argent, il devait acquérir certaines compétences – il partagea l'une de ces compétences avec Doc, qu'il essaya le jour suivant, et à sa surprise, cela fonctionna. Doc commença à gagner des chèques de 300$ chaque semaine. Ce n'était pas assez d'argent pour résoudre tous ses problèmes, mais cela représentait un espoir, ce dont il avait désespérément besoin à ce moment.

Doc continua laborieusement à distribuer du poisson pendant la journée et à s'occuper du marketing de réseau le soir et les week-ends. Il commença à assister à des événements de formation – des « Super Samedi » d'une journée que la compagnie tenait toutes les six semaines environ. Après un an, Doc gagnait environ 5,000$ par mois avec le marketing de réseau, et ses résultats étaient reconnus sur scène. « A ce stade, » dit-il, « les choses commencèrent à se redresser. »

Chapitre Dix

Toni, Peter et Bill

Un vendredi soir, Doc reçut un appel de la fille qui organisait le prochain événement « Super Samedi. » Elle lui dit que, plutôt que de simplement lui demander de monter sur scène pour la reconnaissance de ses résultats, ils voulaient aussi qu'il consacre 15 minutes à expliquer comment il obtenait ses résultats et grandissait. Enthousiaste, Doc commença à rédiger et à s'entraîner à son discours.

Toni et Peter – un couple de Hartford, Connecticut, venant de Houston, qui gagnait plus de 25,000$ par mois – étaient les animateurs principaux de cet événement. Ils étaient incroyablement vibrants et instructifs. Et plus que cela. Il y avait quelque chose de familier chez eux, mais Doc n'arrivait pas à mettre le doigt sur ce que c'était.

Etudiant ses notes de son mieux pour son speech après la pause déjeuner, il était obnubilé – pratiquement dans l'obsession – de retrouver comment il connaissait Toni et Peter. Vers 10h30 du matin, il avait complètement oublié qu'il avait un speech, et téléphona à Toni qui se chargeait de quasiment toute l'intervention depuis la scène, pour une salle d'environ 300 personnes. Doc se demandait continuellement, *Pourquoi me semble-t-elle si familière ? L'aurais-je rencontrée avec son mari lors de l'un de mes voyages à Houston pour rendre visite à mon frère ?*

« Cela continuait à me trotter dans la tête...comment est-ce que je les connais... comment est-ce que je les connais. » raconta-t-il, ajoutant avec un clin d'œil « Je suis un tantinet obsessif de temps en temps. »

Toni expliquait comment amener des gens à prendre connaissance de l'affaire, et Doc l'avait entendu utiliser le mot *acceptation* une ou deux fois. Ce que Doc avait retenu de significatif de cette formation était le mot *acceptation* utilisé en regard de *rejet*, en même temps que les phrases *faire le ménage à l'intérieur* et *aider les autres*. A ce stade, la curiosité de Doc commença à se transformer en pressentiment.

Tous les présentateurs prirent leur déjeuner à la table des organisateurs du séminaire, et comme Doc était l'un des présentateurs, il était invité. Il écouta attentivement la conversation du couple affable pendant le repas. Les yeux de Doc faisaient des allers retours entre Toni et Peter. Toni prononça la phrase, *vivez et laissez vivre une seconde fois*, piquant l'esprit inquisiteur de Doc. La fille qui dirigeait l'événement annonça qu'ils allaient faire les reconnaissances juste après la pause déjeuner, en terminant avec Doc, qui venait juste de franchir la barrière des 5,000$.

Ils félicitèrent Doc, et il demanda s'ils avaient besoin de savoir ce qu'il allait partager, pour qu'il ne leur vole pas la vedette. Toni sourit, rassurant Doc de ne pas s'en faire pour cela. Elle lui recommanda d'être lui-même et de se détendre.

« Prends simplement les choses une minute à la fois quand tu y seras, » dit-elle avec un sourire réconfortant. A ce moment, il n'y avait plus de doute dans l'esprit de Doc sur la nature du lien qu'il ressentait continuellement.

Au moment de se séparer après le déjeuner, Toni et Peter étaient toujours assaillis de questions. Tout le monde voulait savoir comment le couple était arrivé à 25,000$ par mois. Peter mit fin à la séance, demandant à chacun de rejoindre sa chambre pour préparer la session de l'après-midi. Doc avait regardé tout cela et les rejoignit au moment où ils quittaient le restaurant pour aller vers les ascenseurs.

Dans l'un des couloirs de l'hôtel, il demanda s'il pouvait poser une question sans rapport avec l'affaire, et malgré l'assertion de Peter qu'ils devaient vraiment rejoindre leur chambre, Toni accepta.

« Connaissez-vous Bill ? » demanda Doc, presque en chuchotant. Toni et Peter s'arrêtèrent, se regardèrent, sourirent, et se tournèrent à nouveau vers Doc.

« Nous connaissons Bill depuis sept ans ; Peter le connaissait depuis six ans. Et vous ? »

« Sept. »

A ce point de l'histoire, je demandai à Doc de quoi il était question, qui était ce Bill. Il poursuivit l'histoire, ignorant complètement ma question.

« Qui est Bill ? » insistais-je.

Doc expliqua qu'il ne pouvait pas vraiment le dire, car les traditions de cette sous-culture quasi clandestine sont opposées à toute publicité ou presse de quelque niveau que ce soit. Il me dit que c'était à l'endroit où il était allé pour renoncer à son comportement autodestructeur. « C'est un groupe qui aide les gens à s'aider eux-mêmes à remplacer leur comportement autodestructeur par une vie spirituelle. »

« Parlez-vous des Alcooliques Anonymes ? » supposais-je.

Doc répondit, « Restons-en là. J'avais l'habitude de boire, maintenant plus. La réponse à votre question suivante est 28 ans. »

La découverte par Toni, Peter et Doc de leur ami commun Bill les stoppa tous les trois dans leur élan. Des embrassades s'ensuivirent. De *vraies embrassades*.

Ils demandèrent à Doc s'il venait dîner avec les autres leaders après l'événement. Il expliqua qu'il avait décliné l'invitation, pour pouvoir rentrer à la maison pour ses enfants, mais comme le garçon était plus âgé, il pourrait s'arranger pour revenir plus tard dans la soirée, s'ils le voulaient. Ils lui dirent qu'ils aimeraient bien qu'il revienne, ce qu'il fit donc.

Doc parla avec Toni et Peter dans leur chambre d'hôtel pendant des heures. Ils parlèrent de leur lien commun, les souffrances qu'ils s'étaient infligées à eux-mêmes, et le retour à la normale qui s'en était suivi.

Lorsqu'il les quitta finalement vers deux ou trois heures du matin, ils savaient tous que c'était le début d'une magnifique amitié.

Chapitre Onze

Chasse au Trésor et Lien d'Amitié Précieux

Doc ne partagea pas beaucoup de détails de la conversation qu'il eut avec Toni et Peter jusqu'aux petites heures du matin. Il me dit que je devrais me contenter de sa description générale... « garder anonyme, et tout cela » expliqua-t-il. Il parla de l'intimité, comment la souffrance commune avant de rencontrer « Bill » crée un lien véritable pratiquement instantané.

Dans l'année qui suivit, il y eut à peu près une conversation par an entre Doc et le couple. Toni considérait l'amitié, la relation entre elle et Doc, comme précieuse. A l'évidence, lorsque les couples deviennent sobres, ils deviennent des gens différents et croient qu'ils doivent apprendre comment créer de nouveaux liens entre eux. Doc aidait Toni dans sa quête avec Peter, l'amenant à voir cela comme une aventure, une nouvelle expérience. Au fur et à mesure que sa relation avec Peter avançait, et au-delà de ce qu'elle avait espéré au début, la relation avec Doc devint encore plus précieuse.

D'un autre côté, Doc cherchait le trésor. Il voulait savoir comment atteindre des revenus décents comme ceux que Toni et Peter gagnaient. Ceci nous ramène au commencement de cette histoire, lorsque Toni refusa de partager ce qu'elle avait découvert ; comment se faisait-il que les revenus du couple dépassaient maintenant les 36,000$ chaque mois et comment se créeraient-ils une telle paix de l'esprit à propos de tout cela.

Doc continua à avancer en pensant que leurs revenus leur avaient apporté la sécurité qui elle-même avait conduit à la paix de l'esprit que Toni et Peter affichaient, et qu'il voulait. Ils parlèrent au moins une fois par mois, habituellement à trois. Ils parlaient de Bill, des affaires, des relations, de toute la panoplie des sujets dont parlent habituellement de bons amis. Durant l'année suivante, Doc finit par comprendre pourquoi Toni était réticente à lui donner ce qu'il demandait à chaque fois qu'ils parlaient ensemble. Il n'aimait pas cela, mais heureusement, il n'avait plus aucun ressentiment par rapport à cela.

Comme Doc s'en rappelle parfaitement, aux alentours de cinq ou six mois d'amitié, les choses commencèrent à changer. Une nuit fut très différente. Leur appel démarra avec le même dialogue initial, mais cette fois-là, Toni s'ouvrit et confia sa raison pour laquelle elle ne disait pas comment ils avaient pu vivre une telle croissance dans leur affaire.

« Dès que j'aurai partagé cela avec toi, cela changera tout entre nous trois. Cela exigera un engagement quotidien, et si tu ne respectes pas l'engagement lorsque nous nous voyons ou que nous échangeons sur internet, ce sera différent. Bien que l'argent soit important, le vrai trésor de la vie est de trouver des gens avec qui tu peux être toi-même, totalement ouvert...et ils continuent à t'aimer, quoiqu'il arrive. Nous, tous les trois nous nous sentons à l'aise en étant nous-mêmes...fous, en colère, peu importe. J'ai parfois été un peu trouble, et je n'ai jamais terminé une conversation téléphonique en pensant que j'avais été cruche ou que tu pensais à moi en mal, » expliqua Toni, en faisant une pause. Puis elle enchaîna « Je sais que tu nous aimes tous les deux et nous t'aimons. Je sais que si je te donne cela, et que tu ne le fais pas, exactement comme cela doit être fait, cela altérera notre relation. Je ne veux pas déjà mettre en péril cet énorme cadeau. Jusqu'à ce que tu comprennes dans ton cœur que les problèmes de sécurité reposent tous sur la peur, le message que je veux te transmettre n'atteindra pas ton cœur. Et à moins que cela n'atterrisse dans ton cœur, tu ne le termineras pas, et cela va nous diviser de tas de manières auxquelles je refuse de penser. »

Doc insista beaucoup pour tenter de la faire changer d'avis. Il se rendait compte qu'il ne comprenait pas vraiment l'histoire de la sécurité, que tous les efforts pour créer de la sécurité étaient basés sur la peur. Lorsqu'il tenta de lui demander d'expliquer cette histoire de sécurité, il s'interrompit en riant, « Tu es juste en train de me dire qu'il faudra que je trouve la réponse par moi-même, c'est ça ? » devina-t-il. Toni rit et assura Doc que ce n'était pas un test. Elle saurait, il saurait, et leur trésor commun continuerait à grandir.

Les Choses Empirent

Doc poursuivit sa chasse au trésor, essayant de générer des revenus au-delà de ce qu'il avait besoin par rapport à lui et aux enfants, et il se sentait frustré car il n'y arrivait pas. Il avait deux cartes de crédit avec 10,000$ de ligne de crédit disponibles, environ une semaine avant que le moteur de sa camionnette avec laquelle il livrait le poisson rendit l'âme. Doc prit la décision de risquer le tout pour le tout et utilisa les chèques associés aux cartes de crédit, ce qui lui donna 20,000$ en avance de cash.

Il loua une Infiniti J30, en calculant qu'il avait environ sept ou huit mois pour amener son revenu au-dessus de 10,000$ par mois, rembourser la dette, et être en chemin pour gagner l'équivalent de ce que gagnait Toni et Peter. Après tout, pensait-il, développer son affaire de marketing de réseau à temps plein, au lieu d'un temps partiel, lui donnerait plus de temps pour les enfants, et donnerait à son affaire une vraie chance de gagner de l'argent. Son raisonnement était clair pour lui lorsqu'il écrivit ses chèques d'avance de cash, *Si je ne suis pas prêt à investir en moi-même, pourquoi d'autres voudraient-ils investir en moi ?*

Deux mois plus tard, son revenu n'avait pas bougé. Le sentiment positif qu'il avait eu en considérant qu'il valait la peine d'investir en lui-même, au lieu d'acheter une autre camionnette d'occasion, s'était transformé en stress. Pendant cette période, tristesse et colère furent les deux sentiments qui se présentèrent le plus souvent dans la vie de Doc, faisant des allers-retours et passant rapidement de l'une à l'autre. Le regret était présent aussi. C'était dur de ne pas mettre la pression sur Toni lorsqu'ils parlaient, et il le lui dit. Elle lui dit qu'elle aimait l'entendre partager ses sentiments et le savoir en train de réfléchir à l'idée que toutes les quêtes de sécurité étaient basées sur la peur. La plupart des émotions qu'il avait eues des années auparavant, quand il était dans la vente directe, étaient en train de refaire surface.

Doc lisait des livres classiques de développement personnel, comme « Réfléchissez et Devenez Riche » de Napoléon Hill, et « Le Plus Grand Vendeur du Monde » de Og Mandino, et il se replongeait dans ses supports de formation anciens créé par le grand milliardaire et magnat de l'assurance, W. Clement Stone. Trois mois plus tard, son revenu était en train de remonter, mais ce n'était pas assez rapide. Quatre ou cinq mois plus tard, il serait à court d'argent, à court de crédit, et le pire de tout, sans maison. Il était certain que quelque chose dans les livres lui échappait.

Il trouva la formule de la réussite dans « Réfléchissez et Devenez Riche ; » il connaissait pratiquement le livre par cœur, cependant la richesse n'arrivait pas. La question *Qu'est-ce que je fais de travers ?* le travaillait jusqu'à l'obsession. Malgré tout, il resta avec cette question, en espérant bientôt découvrir ce qui lui échappait.

Mais au lieu de la richesse, il rencontrait plus de colère, plus de tristesse, et plus de regret. Pire encore, il n'appréciait pas spécialement l'individu qu'il était devenu en ce moment.

« Lorsque je traversais tout cela, » raconta Doc, « voyant le désastre financier se rapprocher, j'étais rempli de peur. J'étais obsédé et impatient. Je continuais à travailler plus dur et à passer moins de temps avec les enfants. Je travaillais dur aussi pour que mon impatience et mes peurs permanentes ne les atteignent pas. Même là, je ne réussissais pas. C'est vraiment agaçant lorsque vous êtes en colère et que vous vous en prenez aux gens et à vos enfants, alors que vous essayez qu'ils se sentent en sécurité et valorisés. »

Une Tempête et des Oiseaux

« Plum Island » est une bande de terre de quinze kilomètres de long juste au large de la côte nord du Massachusetts. Il y a beaucoup de tempêtes du nord-est pendant l'hiver, et une nuit, une tempête bizarre se produisit, emmenant avec elle la neige, l'orage et des éclairs. Elle arracha quelques branches de plusieurs arbres du jardin.

Le matin suivant, Doc sortit comme d'habitude sur le porche arrière de la maison avec son café et quelques graines pour les oiseaux, et il y avait plusieurs branches cassées dispersées dans le jardin. Il était tôt et il faisait calme, et les enfants étaient toujours endormis. Plum Island est un sanctuaire pour les oiseaux, et même si beaucoup étaient descendus vers le sud pour l'hiver, plusieurs espèces étaient restées. Dans ce silence, Doc commença à réfléchir sur ce que voulait dire Toni par « essayer d'obtenir des choses pour se sentir plus en sécurité est un comportement basé sur la peur. »

Il remarqua quelques oiseaux qui se posaient sur les branchées cassées, et son cœur se mit à battre plus vite. Il raconta qu'à cet instant, il courut immédiatement appeler Toni. Il croyait qu'il avait trouvé ce qu'il avait besoin de savoir pour qu'elle partage enfin sa découverte avec lui.

Il appela Toni, mais il tomba sur le répondeur. Doc revint sur le porche en laissant la porte ouverte, pour pouvoir entendre le téléphone lorsqu'elle le rappellerait. Il continua à regarder les oiseaux se poser sur les branches, voltigeant au-dessus du bol de graines, et voltigeant à nouveau jusqu'à une branche, son cœur battant de plus en plus vite. Finalement, le téléphone sonna ; c'était Toni.

En racontant l'histoire, Doc dit que lorsqu'il annonça à Toni ce qu'il avait vu, il l'entendit crier le nom de Peter deux ou trois fois, « cela ressemblait plus à un hurlement. » Peter se connecta à Doc et Toni sur l'autre téléphone, et Toni demanda à Doc de dire à Peter ce qu'il venait de partager avec elle. A ce moment, elle pleurait.

« La confiance. Les oiseaux ne s'inquiètent pas de l'endroit où ils se posent ; ils font confiance à leurs ailes, pas à la branche. Ils ont confiance en leur don, » dit Doc.

« Continue, » cria Peter, encourageant Doc.

Il y eut un long, très long silence. Doc réfléchissait.

« Je croyais qu'en atteignant un certain niveau de revenu, je serais en sécurité, plus calme, et que, grâce à cela, je serais une meilleure personne et un meilleur père...C'est une illusion, un mensonge, » dit Doc sur sa lancée. « Rien à l'extérieur de moi ne pourra jamais m'aider à me sentir en sécurité, jusqu'à ce que j'aie confiance en moi-même. La sécurité venant des objets, de l'argent et de la reconnaissance est une tromperie dont tout le monde semble être en quête...dont j'ai été en quête. »

Les pleurs de Toni avaient tourné en sanglots, et les trois amis parlèrent pendant des heures.

Chapitre Douze

Les Sept Anciennes Vérités

Toni avait eu beaucoup de peine à calmer ses larmes. Elle dit à Doc – entre les reniflements et les hoquets – qu'il y avait Sept Anciennes Vérités qui ouvrent le chemin des 13 Richesses de la Vie. Elle appelait cela Vivre Dans la Grandeur. Apprendre les Vérités et les maîtriser nous aide à Vivre Dans la Grandeur et à appeler à soi les 13 Richesses de la Vie. Elle et Peter les avaient gardées pendant des années, disait-elle, mais l'ensemble de leurs richesses n'auraient représenté qu'une fraction de leur valeur pour eux, jusqu'à ce qu'ils passent les Anciennes Vérités à un bénéficiaire méritant. Toni dit à Doc que la responsabilité de trouver la bonne personne à qui les transmettre avait été une recherche très pénible.

« Pénible ? » Doc était étonné.

Peter expliqua que la dette de gratitude qu'ils avaient, tout ce qu'ils avaient, et qui provenait entièrement des Vérités, avait commencé à peser sur eux il y a cinq ans. A ce moment, ils étaient déjà en leur possession depuis plus de dix ans, et ils commençaient à se rendre compte que la responsabilité finale qu'ils avaient acceptée en recevant les Anciennes Vérités était de les passer à quelqu'un qui s'assurerait à son tour de les transmettre intactes. Et ils avaient aussi accepté quelque chose de plus grand encore que leur promesse de transmission des Vérités. Cette « chose plus grande » avait augmenté le côté pénible de leur recherche.

Doc essaya de plaisanter, demandant s'il était en train d'entrer dans une culture clandestine et s'il devrait vendre son âme. Il demanda s'il y avait un quelconque accord secret ou un contrat scellé dans le sang. Ils ignorèrent tous les deux les tentatives d'humour de Doc.

Peter, prenant le relais de Toni qui reniflait toujours, dit à Doc, « si tu décidais à adopter ces Sept Anciennes Vérités exactement comme prescrit, tu te retrouverais dans une grande aventure ; en fait, la plus grande de toutes les aventures. Au sein de cette aventure, tu vas acquérir chacune des 13 richesses que la vie a à offrir. » Peter devint très sombre en expliquant qu'il y avait un « mais », et sa voix s'estompa. Il y eut un long et lourd silence au téléphone.

Toni expliqua, « il y a des exigences et une énorme responsabilité qui accompagne l'acceptation des Vérités et de la Carte. J'ai besoin de savoir que tu comprends la différence entre être libéré de ses obstacles présents et acquérir la richesse...que vouloir une solution à ses circonstances de vie présentes ne suffit pas. Il faut que tu nous assures que tu n'es pas intéressé à améliorer ton sort dans la vie, mais au contraire, de faire grandir cette vie – ta vie – dans une autre direction.

Plus de silence. Doc réfléchissait.

« La paix de l'esprit, » dit-il finalement. « Si vous me dites que...Je veux dire, si vous me demandez si j'en ai assez de ce sentiment d'être rongé de l'intérieur et que je veux que cela cesse, ouais, c'est le cas. »

« Comment te sens-tu vraiment ? »

« La solitude, le sentiment de ne jamais être assez...des sentiments d'être indigne, de peur...et une crainte pratiquement constante du futur. Tout cela est tellement fatiguant. Il y a un paradoxe – je veux faire mieux ; j'agis avec détermination, pourtant je vis dans le doute, et cela crée en moi le sentiment d'être bidon, vous voyez ? Agir avec courage, mais avoir peur. Je me demande souvent si je suis la seule personne qui ressente ce conflit, cette sorte d'imposture entre la bravoure et le doute...et, lorsque je ressens ce conflit, je ressens une incroyable solitude...tu vois ce que je veux dire, Toni ? »

« Je me sentais comme cela avant de recevoir les Anciennes Vérités et la Carte, » répondit Toni.

« La Carte ? » Doc était intrigué, « As-tu déjà parlé de la carte avant ? Il y a donc les Anciennes Vérités et une carte ? »

Peter sauta dans la conversation, « La plupart des gens veulent la Carte qui conduit aux 13 richesses de la vie, et c'est une erreur. Tu vois, naviguer sur la route de la richesse, se focaliser sur la richesse en restant la personne que nous sommes aujourd'hui, la personne que tu es aujourd'hui Doc, se terminera en frustration, jugement, et échec dans l'obtention des richesses.

« Je ne comprends pas vraiment. Je t'aime mon gars, mais parfois tu peux être un peu énigmatique. Toni, pourrais-tu s'il te plaît me décortiquer tout cela ? »

« Cela marche comme cela, Doc, » expliqua Toni. « Tout le monde pense vouloir la Carte des 13 Richesses, mais cela a peu ou pas de valeur jusqu'à ce que nous sachions comment lire la carte. La plupart des gens cherchent les vrais trésors de la vie au mauvais endroit. Diable, nous avons partagé trois, quatre, cinq des richesses de la vie en discutant avec des gens, et ils ne comprennent pas, tout simplement. Ils ne veulent entendre parler que d'argent, qui - depuis plus de 4500 ans – est la dernière des richesses à ajouter. »

« Donc...tu es en train de dire que la Carte n'a pas de valeur, jusqu'à ce que j'apprenne à la lire ? Et pour faire cela, je dois devenir une autre personne ? »

« Pas tout à fait, » corrigea Peter. « Laisse-moi te raconter une histoire, une histoire vraie, celle que tu liras dans les Vérités, mais elle répond à ta question. Considère cela comme un aiguillon pour ta curiosité. Il se fait qu'il y a un groupe de marins qui ont fait naufrage et qui ont dérivé sur l'Atlantique dans un bateau de secours. Ils ont dérivé pendant plusieurs jours, sont tombés à court d'eau, et ils commençaient à souffrir des affres de la soif. Ils n'avaient plus d'eau à boire. C'était effrayant et frustrant...'de l'eau, de l'eau partout mais pas une goutte à boire,' comme l'écrivit un jour Coleridge. »

« Laisse-moi raconter la suite, Peter, » interrompit Toni. « J'adore cette partie. Ils passèrent deux jours dans cet état, et finalement, un autre petit bateau passa à portée de voix. Nos marins naufragés crient pour de l'eau, supplient pour de l'eau. Les autres marins en face leur crient « Utilisez votre seau. » Comme cela a dû paraître cruel. Ils continuaient à crier pour de l'eau, après deux jours de soif. Mais tout ce qu'on leur disait en retour était cette phrase « utilisez votre seau. »

« En désespoir de cause, l'un des marins jeta le seau par-dessus bord puis le ramena au bateau. C'était de l'eau propre, potable, étincelante. Pendant plusieurs jours, ces naufragés avaient dérivé jusqu'à de l'eau potable et ils ne s'en étaient pas rendus compte. Oui, la terre était hors de vue, mais ils étaient dans l'estuaire de l'Amazone, qui envoient de l'eau potable dans la mer sur plusieurs kilomètres au large. »

« Excellente histoire, Toni. Pourrais-tu m'expliquer ce que tu veux que j'en retire, comment je devrais comprendre la métaphore ? » demanda Doc.

« Tu es entouré, ici et maintenant, par les richesses. Le fait est que ces marins assoiffés se sont trouvés dans une zone d'eau potable tout le temps, simplement ils ne le savaient pas. Tout ce dont tu es vraiment assoiffé, toutes les choses dont la plupart des gens sont assoiffés, tout cela les entoure déjà, mais comme les marins, ils ne le savent pas. Pour acquérir les 13 Richesses de la Vie, deux choses sont nécessaires. Seulement deux choses. »

« Et ces deux choses sont... ? »

« L'art de la reconnaissance et l'acte de reconnaissance. »

« Je ne suis pas au clair sur ce que tu es en train de partager. D'un certain côté, j'ai peur de comprendre ce que tu veux dire. »

« Les marins ne se sont pas rendus compte qu'ils baignaient dans l'eau potable. Une fois qu'ils l'ont appris, la reconnaissance seule ne suffisait pas, il fallait aussi qu'ils agissent par rapport à elle. » Toni poursuivit, « Nous sommes riches ici et maintenant. Tu es entouré d'une prospérité sans nom ; tu baignes dedans, simplement tu ne le sais pas. Malheureusement, ceci est l'histoire de la vie de la plupart des gens. Nous n'avons pas idée, vraiment, de l'immense quantité de ressources et d'outils incroyables qu'il y a en nous, ni des richesses dans lesquelles nous sommes quasiment en train de nous noyer. C'est pour cela que la Carte vers les richesses n'a aucune valeur, jusqu'à ce que tu apprennes à lancer ton seau, Doc. Donc les Anciennes Vérités t'aident à reconnaître la grandeur qui vit en toi...dans ton caractère, pas dans tes savoir-faire ni tes dons. Le caractère. C'est le caractère qui compte. C'est le caractère d'une personne qui rend la compréhension et l'utilisation de la carte, simple et virtuellement sans effort jusqu'à attendre une fortune inimaginable. Sans le caractère, nous ne voyons tout simplement pas les richesses. Sans le caractère, nous ne les reconnaissons pas. Et nous ne pouvons pas agir sur les choses que nous ne reconnaissons pas. »

« La grandeur ? »

« Il n'y a pas de gens ordinaires, Doc, juste des gens bien qui ont été conditionnés à se comporter comme des gens ordinaires, à suivre le troupeau, à donner de la valeur aux choses plutôt qu'à eux-mêmes. »

« La grandeur ? » demanda Doc, perplexe.

« C'est le caractère qui nous rend grand. N'as-tu jamais dit de ce gars que c'était un gars bien, ou de cette personne qu'elle était grande ? » demanda Toni.

La voix de Toni devint très douce, basse au point que Doc pouvait difficilement l'entendre. « Le monde possède la gloire et la grandeur et des valeurs complètement mélangées. Ces gens dont tu penses qu'ils sont grands, sont grands pourquoi... ? »

Doc commença à tourner autour du pot, « Eh bien, cela dépend de... » Elle interrompit Doc, répétant sa question avec empathie, « Qui ? Dis-moi qui, la première personne qui te vient en tête, dont tu penses qu'elle est grande. »

« Mes oncles Dan et Mo. »

« Dis-moi ce qui fait qu'ils sont grands, pas ce qu'ils ont fait pour toi, ni des beaux souvenirs, mais dis-moi ce qui les rend grands. Parle-moi d'eux et de la raison pour laquelle tu crois qu'ils sont grands. »

Doc parla pendant environ une minute, lui racontant comment son père fut tué pendant la guerre de Corée, et Dan et Mo se substituèrent et remplirent magnifiquement le rôle de son père. « C'est comme si j'avais deux pères fantastiques, toujours là pour moi, pour tout, depuis jouer au baseball jusqu'à la différence entre le bien et le mal et... » Toni l'interrompit à nouveau.

« Sais-tu que tu es en train de décrire leur caractère et non leurs réalisations ? » demanda-t-elle. « Et ils t'ont enrichi, toi et ta vie, n'est-ce pas Doc ? »

« Absolument. »

« Personne ne peut enrichir la vie de quelqu'un d'autre sans avoir de richesses à partager. Nous ne pouvons tout simplement pas donner ce que nous n'avons pas, et nous ne pouvons pas acquérir la moindre richesse, nous ne pouvons pas faire grandir la richesse, à moins de la donner. Plus nous enrichissons les autres, plus nous devenons riches, » murmura-t-elle.

Doc dit, « Cela a l'air génial, mais c'est un peu avancé pour moi. Donne-moi la version pour enfant, d'accord ? »

« La vraie richesse, les 13 Richesses, sont déjà en toi. Comme nous tous, tu as été conditionné à penser que c'est quelque chose à l'extérieur de toi qui va te rendre riche. Tant que nous croyons que quelque chose d'extérieur va faire que nous nous sentirons à l'abri, riche, en sécurité... peu importe le sentiment que nous recherchons, nous ne développerons jamais le caractère intérieur nécessaire pour être grand et obtenir les richesses puis les partager. C'est le caractère – qui tu es vraiment – qui allume les deux choses qui dorment en toi pour lire la Carte : l'art de la reconnaissance et l'acte de reconnaissance.

Doc posa la question évidente...si c'était les seules exigences.

« Non Doc, il y a la toute grande, et c'est le sacrifice, » dit Peter.

Doc enchaîna avec une autre question évidente, « C'est quoi le sacrifice ? »

« Toi. Pour grandir vraiment, tu dois être prêt à chaque instant à sacrifier ce que tu es pour ce que tu étais supposé être...être prêt à renoncer à ton moi présent au profit du grand caractère qui est déjà en toi. » expliqua Toni. « Tu comprends ? »

Doc ne dis rien pendant plusieurs minutes. « Laissez-moi vous demander ceci, » dit Doc. « Je dois 'être' quelque chose de différent, pour être capable de voir les choses différemment et faire les choses différemment, et ainsi avoir différentes choses. C'est correct ? »

Toni et Peter répondirent ensemble « Oui. »

« Comment est-ce que je fais cela – être quelque chose de différent – et toujours me sentir authentique ? »

Doc interrompit le récit, me regarda en souriant, et me fit un clin d'œil. Il sortit une feuille de papier d'un classeur et me le tendit. C'était une copie de l'email que je lui avais envoyé un mois auparavant...le dernier paragraphe était passé au feutre de couleur et entouré.

> Cher Doc,
>
> Votre dernier message était difficile à comprendre, très prolixe :
>
> Je ne suis pas sûr de savoir quelle est la prochaine étape, mais après avoir passé quelque temps sur votre site, je crois que je sais ce que mes lecteurs ont besoin de savoir pour avoir plus de succès.
>
> C'est la partie être-faire-avoir, n'est-ce pas ?
>
> Ce n'est pas « Qu'avez-vous fait pour obtenir ce que vous avez ? » ça c'est la mauvaise question.
>
>> *On a besoin « d'être » une personne différente, ce qui permet de faire des choses différentes qui amèneront à avoir des choses différentes, ça semble être l'essence de ce que vous partagez.*
>>
>> *Donc, je vais vous demander, « Comment pouvons-nous être une personne différente, tout en préservant ce que nous sommes vraiment ? Sans ressentir que nous imitons quelqu'un d'autre ? »*
>
> Sincèrement,
>
> Mark

Lorsque j'eus fini de lire et que je relevai la tête, Doc était toujours en train de sourire. Ses yeux étaient humides, et il me fit à nouveau un clin d'œil.

Chapitre Treize

La Promesse, Le Passage et la Bombe

Comme Doc le raconte, il commença soudain à harceler Peter et Toni de questions à un rythme effréné, débitant à toute allure sans attendre les réponses, enchaînant les questions les unes après les autres. Il voulait tout savoir sur les Anciennes Vérités et la Carte des 13 Richesses, et pour être honnête, ce fut mon cas aussi lorsque j'entendis parler d'elles pour la première fois.

Peter ne tenta de répondre à aucune des questions. Toni non plus.

« Tu dois d'abord promettre quelque chose, » dit Toni.

« Je peux faire les promesses, mais j'ai besoin de quelques réponses avant, » dit Doc. Il avait toujours un million de questions sans réponse et il continuait à les poser... « D'où viennent ces vérités ? Comment les avez-vous eues ? Qui les a écrites ? »

« Non, cela ne marchera pas, » rétorqua Peter.

« Toutes les réponses sont dans les Sept Vérités, ainsi que les promesses, » dit Toni.

« Donc quelles sont ces promesses ? » demanda Doc.

« Le passage des Sept Vérités est soumis à ta promesse de tenir toutes les promesses que tu fais. Es-tu prêt à faire cette promesse ? »

« Oui. »

« C'est bien que tu aies un tas de questions. »

Doc demanda « Et c'est bien parce que… ? »

Toni et Peter rirent. Esquissant un sourire lui-même, Doc dit, « Ouais, je comprends maintenant, tout ce que je demande est dans ces vérités, exact ? Une question...juste une. C'est une chose mineure, simplement une chose que vous avez dite et pour laquelle je voudrais une clarification, pour être sûr que j'ai bien compris. »

« D'accord. »

« Lorsque vous avez dit que ces choses, les vérités, sont vieilles de 4500 ans, était-ce une exagération ? Je veux dire, 4500 ans ? Vraiment ? »

« Rencontrons-nous à Worcester, juste à la sortie de la route 291, à cet endroit Italien ce soir, » suggéra Toni. « Nous aurons les Sept Vérités avec nous, et la Carte. Elles sont écrites à la main ; cela m'a pris quelques heures. Le passeur des Vérités et de la Carte les ont toujours faites à la main. Tu penses à une chose en descendant. Pense à nous promettre à tous les deux, que tu réfléchiras avant de faire des promesses, et que tu tiendras celles que tu fais, quoiqu'il arrive. »

« 7 heures ? » demanda Doc. « Et le truc des 4500 ans, c'est vrai ? »

« Vrai. »

« Comment est-ce possible ? » demanda-t-il, ébahi.

« On se voit à 7 heures, Doc. »

La Promesse

Le trio venait à peine de s'asseoir au Piccolo's, le restaurant que tout le monde aimait, lorsque Toni demanda à Doc s'il avait réfléchi en roulant jusqu'au restaurant à sa promesse à tenir, et s'il avait une réponse.

« Ouais, Toni, je suis partant. Doc est ici, Doc est complètement partant. »

« Pas les bons mots. Essaie encore, » dit Toni.

Doc était en train de comprendre, il baissa les yeux, prit une profonde respiration puis regarda fermement Toni dans les yeux. « Je promets que je tiendrai mes promesses, toutes. » Il se tourna vers Peter et répéta la même chose.

Le passage

Toni passa les Sept Anciennes Vérités à Doc. « C'est il y a plus de 4500 ans que ces Vérités ont été enregistrées pour la première fois, et maintenant, c'est à ton tour de Vivre Dans la Grandeur et d'acquérir les 13 richesses de la vie. Voici les instructions. Les Vérités d'abord – uniquement les Vérités – et ensuite, la Carte...Tu dois Vivre Dans la Grandeur d'abord, pour pouvoir voir la vraie richesse sur la Carte. »

Doc se pencha en avant, avide d'en savoir plus. Il n'y avait rien de plus. « C'est tout ? Ce sont toutes les instructions ? » demanda Doc, assez mystifié.

« C'est tout, » dit Peter. « A propos, est-ce que tu aimes les girafes ? »

« Oui, j'aime les girafes...Je dirais que ce sont mes préférées. Pourquoi demandes-tu cela ? »

« Je me demandais simplement, » répondit Peter. « Il y a encore une chose. »

La Bombe

Parlant très bas, Toni dit, « Au fil des siècles, une partie du langage et des histoires ont été mis à jour, mais les Vérités et la Carte sont restées fondamentalement les mêmes. La vérité est la vérité, pour ainsi dire. Au passage de chaque millénaire, le passeur – qui serait toi – décide de les transmettre à une personne, comme nous sommes en train de le faire avec toi, ou les donne à quelqu'un qui les fait connaître au monde. »

« Et vous me dites ceci pourquoi ? »

« L'un des passeurs de ces Vérités – celui qui nous les a transmises – croit que l'amour est en manque d'amour, aujourd'hui, maintenant, » intervint Peter. « Nous sommes tous les deux d'accord. »

« Oui, » approuva Toni, « l'amour a besoin d'amour aujourd'hui. »

« L'amour – le vrai amour – n'est-il pas inconditionnel ? » demanda Doc, avec rhétorique.

« Eh bien, c'est ce que tu vas devoir déterminer, Doc, » dit Toni. « Tu décides si l'amour a besoin d'amour, s'il a besoin d'être montré plus souvent, et comment tu excécutes le prochain passage, » dit Tony.

« Je suis toujours en train de me demander ce que cela a à voir avec moi... » La voix de Doc s'estompait.

« Le temps des transmissions simples doit s'achever, » dit Toni avec force, prenant la main de Doc. « Porte-les à la connaissance du monde, mon précieux ami. C'est le moment. »

Abasourdi, Doc demanda qui avait dit que l'amour était en manque d'amour aujourd'hui...sachant que sa question allait probablement être ignorée.

« Les instructions et les promesses correspondantes se trouvent dans chaque Vérité, » promis Peter. « Suis simplement les instructions, et tiens la promesse que demande chaque Vérité. Lorsque tu termineras les Sept Vérités comme indiqué, rencontrons-nous ici pour manger un peu plus de pâtes, et nous te dirons ce que nous savons sur quelques-unes des transmissions, qui a détenu ces Vérités, et comment ils sont arrivés à la prospérité. »

« Quand ferons-nous cela ? » demanda Doc.

« Dans quatorze semaines, » dit Toni.

« Comment sais-tu que ce sera quatorze semaines ? »

« Fais-les connaître au monde, Doc, » exhorta Peter.

« Et ceci est la raison pour laquelle tu es ici, » dit Toni, regardant Doc avec grâce et espoir. « Nous espérons que tu seras celui qui fera connaître les Vérités et la Carte au monde. »

Et ceci raconte un petit peu plus l'histoire de cet « espèce de livre » et comment il est né, et est arrivé entre vos mains. La fortune unique de Doc, la mienne aussi tant que nous y sommes, et comment nous en sommes venus tous les deux à comprendre pourquoi nous devons Vivre Dans la Grandeur au niveau du caractère et pourquoi les Richesses de la Carte n'apparaissent qu'en les expérimentant. Une fois que nous apprenons à Vivre Dans la Grandeur, c'est-à-dire que nous développons une compréhension profonde de la vérité d'être, notre caractère s'affirme – Vit Dans la Grandeur – et avec la Carte, nous pouvons acquérir les 13 richesses sans effort.

Je vous transmets les mêmes mots que Doc m'a transmis, des mots que j'ai écoutés et pris en compte, malgré la tentation, la curiosité, et le stress financier d'aller directement à la Carte. Doc dit, « Je t'encourage à faire le choix de celui qui est vraiment riche. Lis chaque Vérité en suivant les instructions, et résiste à la tentation de sauter tout de suite à la Carte des 13 Richesses jusqu'à ce que toi aussi, tu te mettes à Vivre Dans la Grandeur en faisant et en gardant les promesses qui feront grandir ton caractère qui est déjà bon. Laisse-le grandir vers la grande force qu'il a toujours eu la vocation d'être. Je te promets que si tu le fais, tu découvriras la richesse sans limite. La vraie richesse suit toujours la croissance du caractère, et sache ceci : il n'y a aucune limite à ton caractère. »

Lorsque j'ai reçu de Doc les instructions que je suis en train de vous transmettre, j'ai eu la même réaction que celle que vous avez probablement en ce moment ; « Quoi ? C'est tout ? N'y a-t-il pas d'autres instructions ? » Nous sommes amusants, nous les humains. Nous errons dans la vie, certains qu'il doit y avoir une meilleure façon de vivre, et ensuite, vlan, quelqu'un dit, « voici cette façon », répondant ainsi à nos espoirs et nos prières, pourtant nous résistons, nous voulons plus, nous voulons des assurances, nous voulons des garanties, nous voulons quelqu'un qui nous tienne la main, alors qu'en même temps, nous convoitons l'indépendance. Et, dans la plupart des cas, nous refusons de suivre les instructions. Ouais, nous sommes des drôles de cocos, nous les humains.

« Donnons-nous rendez-vous à déjeuner dans quatorze semaines, » dit Doc.

« Qu'est-ce que c'est que ce truc des quatorze semaines ? » demandai-je, de manière assez péremptoire. La peur de savoir exactement quoi faire était revenue et fonctionnait à plein rendement.

« Lis chaque Vérité comme elle est énoncée, Mark, et je te verrai dans quatorze semaines, » dit Doc en écartant ma question.

« Etes-vous en train de me dire que c'est tout ce que j'ai besoin de savoir ? » demandai-je. Je n'avais aucune idée de ce qui venait de m'être confié exactement, du moins pas de sa valeur.

« Que penses-tu de San Francisco ? » suggéra Doc.

« Ok » répondis-je. Jetant un coup d'œil sur ce qu'il m'avait donné, je lui demandai « Est-ce ton écriture ? »

« Oui. Suis simplement les directives dans chaque vérité, et laisse-toi grandir, » exhorta-t-il.

Les Sept Anciennes Vérités

Regarde tout au long de ce jour !
Car c'est la vie, la véritable vie de la vie,
Dans sa course brève
Se trouvent toutes les vérités et les réalités de notre existence :

Le bonheur de la croissance,
La gloire de l'action,
La splendeur de la beauté,
Car hier n'est qu'un rêve
Et demain seulement une vision,
Mais un aujourd'hui bien vécu transforme chaque hier
En un rêve de bonheur
Et chaque lendemain en une vision d'espoir.

Veille bien, donc, sur ce jour !
Ainsi est la salutation de l'aube.

Kalidasa
2500 A JC Sanskrit

Lorsque la richesse est perdue, rien n'est perdu

Lorsque la santé est perdue, quelque chose est perdu

Lorsque le caractère est perdu, tout est perdu

La Promesse

En chaque être vit une immense force de caractère
Si tu résistes à la tentation de la Carte des Richesses
Jusqu'à ce que tu aies achevé les Vérités
Ton caractère grandira plus haut qu'une girafe
Et te permettra de voir les richesses
Et comme la girafe, qui a le plus grand de tous les cœurs,
Les Vérités feront grandir ton cœur
Te donnant courage, amour et grâce.
Ces trois traits de caractère sont tout ce dont tu as besoin pour acquérir
Les 13 Richesses sans effort,
Ceci est la promesse sans faille des Vérités.

La Première Vérité

« Le G »

Contribue Avec Gratitude Aux Rêves Des Autres et Fais Croître la Grandeur

Je suis en gratitude d'être, jour après jour, minute après minute, de plus en plus conscient de la générosité infinie qui m'entoure. Chaque moment qui passe est un plus grand honneur de recevoir les cadeaux immérités et les opportunités qui défilent continuellement dans ma vie. Toute honte que mon esprit commence à ressentir pour l'égocentrisme dans lequel je vivais et pour l'apitoiement sur moi qui m'empêchait de voir les vraies richesses de la vie dont j'ai toujours été béni, est rapidement éteinte par une grande vérité.

Maintenant. Maintenant est tout ce qui existe. *Maintenant* est tout ce qui a toujours été et *maintenant* est tout ce qui sera à jamais. Tout ce qui s'est passé dans le passé s'est produit lorsque nous étions *maintenant*. La même chose est vraie pour le futur. Ce qui se passe dans deux semaines ne se passe que dans deux semaines. Quoiqu'il se passe ne peut se passer que *maintenant*. Je suis en gratitude pour cette vérité et vivre dans le *maintenant* rend honneur à cette vérité en moi.

Je ne regrette pas le passé, ni ne souhaite lui fermer la porte. Vivre dans un état de gratitude *ici et maintenant* me ramène à la vie en m'écartant de ma perspective égocentrique de manque. Si mon esprit venait encore à errer dans de vieilles habitudes de manque, de possessivité ou de peur, j'utiliserais le passé et mon souvenir de tout égocentrisme ayant volé à moi et à d'autres la gratitude et les richesses, pour apprécier le *maintenant*. Je suis présent. Je suis en gratitude.

Depuis le début, siècle après siècle, tous les esprits éveillés ont été d'accord et ont transmis le même message sur la manière de réussir à acquérir la richesse dans tous les domaines de la vie. La réussite est le résultat de services donnés sans attente de retour.

Exactement comme les étoiles qui ne peuvent se révéler qu'à la tombée de la nuit, de même ma réussite ne peut apparaître qu'après que je me sois mis au service d'autrui. Plus le ciel est noir, plus nombreuses et brillantes apparaissent les étoiles. Maintenant je comprends vraiment que plus je donne avec gratitude, plus abondante et claire brille ma prospérité.

Je donne avec gratitude et je reçois humblement.

La grande vérité, Donner avec Gratitude pour les vies et les rêves des autres, est déjà vivante en moi. Je n'ai pas besoin de travailler pour l'avoir, cependant je dois ouvrir mon esprit pour apprendre toute la sagesse que véhicule cette grande vérité, de sorte que je puisse activer ce don non mérité qui dort pour l'instant en moi. Toutes les autres vérités et la Carte des 13 Richesses dépendent de la Vérité du Don et je suis en gratitude de comprendre son importance. Donner avec le cœur et sans attente m'aide à sonder l'insondable ; ce que je partage se multipliera et me reviendra décuplé tandis que ce que je retiens pour moi se réduira.

Plus je donne, plus je recevrai.

Comme toutes les lois irréfutables, cela marche dans les deux sens. Donner plus, recevoir plus. Donner plus d'amour, recevoir plus d'amour. Donner plus de gentillesse, recevoir plus de gentillesse. Plus je donne de peur, de doute et de manque en pensée à moi-même ou aux autres, plus la peur, le doute et le manque grandiront dans ma vie.

Je suis prêt à recevoir la plus grande des lois de l'esprit, **la Loi de la Croissance**. Ce à quoi je pense grandit. Car toutes les choses maintenues dans la pensée et chargées d'émotion, grandiront et ces choses deviendront tout ce que je peux donner. Je me concentre donc uniquement sur les choses que je souhaite recevoir, comme la foi, l'espoir et l'amour.

Je donne avec gratitude et je reçois humblement.

Notre véritable nature est d'être au service de nos semblables. Etre loyal envers ma nature véritable axée sur le service fait grandir mon caractère, me permettant de Vivre Dans la Grandeur, de trouver toutes les formes de monnaies courantes utiles à la vie et de demander qu'elles affluent unilatéralement à moi. Affluer vient du latin « afflure » qui veut dire « couler vers. »

Monnaie courante a aussi sa racine en latin, « currere » qui veut dire « courir ».

Les 13 grandes monnaies trouvées sur la Carte sont la santé, une attitude mentale positive, le but, l'argent et 9 autres ressources dynamiques. Ces valeurs courantes n'ont de valeur que lorsqu'elles circulent, en étant constamment échangées. Comment dois-je faire pour qu'elles coulent vers moi... ? Comment devient-on un affluent ? Ceci est un mystère ancestral, qui a rendu perplexe et découragé des hommes et des femmes depuis des siècles. Je tiens maintenant dans les mains la Première Vérité qui résout ce mystère ; *le don est la source d'une affluence incompréhensible*...pas le « recevoir ». Pendant que d'autres tentent « d'obtenir » l'affluence, je la donne. Je suis en gratitude de savoir que je dois donner pour recevoir.

Cependant, personne ne peut donner ce qu'il ou elle n'a pas. Qu'en est-il si je n'ai aucune des 13 richesses à donner ? Pour ceux qui connaissent la Première Vérité et vivent dans le présent, cette énigme vieille de 4500 ans est facile à résoudre.

La gratitude est une cause, pas un effet.

Plus grande est ma gratitude, plus il y a de choses dignes de gratitude qui commencent à arriver dans ma vie. Chaque gratitude qui émane de mon cœur déclenche encore plus de choses dignes de gratitude. Elles arrivent à moi depuis un ensemble ordonné de gens, d'endroits et de choses, rarement depuis les canaux par lesquels j'ai donné. Je promets d'être un meilleur observateur, qui ne prend rien pour acquis...les choses simples telles que la nourriture, l'eau, un toit pour m'abriter rendent mon cœur joyeux. Je remercie *maintenant* pour chaque chose et je deviens quelqu'un qui reçoit avec humilité. Le mot « merci » est dit avec un sentiment sincère tout au long de la journée. Parfois je dis « merci » avec enthousiasme à une personne, parfois à un groupe, et parfois simplement en regardant vers le ciel.

Je suis une personne qui donne avec gratitude et qui reçoit avec humilité.

Maintenant je connais une sagesse plus profonde de la Vérité de Donner avec Gratitude. Donner sans attente de retour honore humblement la Source de Tous les Bienfaits. Chaque jour je comprends un peu mieux que je suis à la fois un canal et un représentant de La Source ! Au fil des siècles, ceux et celles qui ont maîtrisé les vérités et acquis une grande richesse ont toujours compris que cette Source cherche les canaux par lesquels elle peut rendre les plus grands biens, le plus de services pour le plus grand nombre de personnes. J'aime être un excellent canal pour la Source de Tous les Bienfaits et donner avec gratitude tous les biens qui viennent à moi car je connais maintenant la plus grande sagesse de la Vérité du Don ; ***les semences mises de côté n'ont pas de valeur. Les graines plantées peuvent rapidement devenir une forêt.*** Je Vis Dans la Grandeur en caractère, je sème des graines en donnant et les 13 richesses grandissent comme une forêt autour de moi.

Et comment est-ce que je Vis Dans la Grandeur ?

Je commence maintenant. Tous mes choix sont faits par mon esprit subconscient ; cela ne fait aucun doute. Ceci signifie que la vie que je mène est la vie que j'ai choisie. Cela n'a pas été une seule grande décision, mais des décisions hebdomadaires, journalières et parfois minute après minute durant toute la vie. Toutes les décisions sont basées sur ce que croit mon subconscient. J'ai par conséquent créé toutes les circonstances de ma vie ! C'est une merveilleuse nouvelle car cela signifie que je suis créateur ! Pour prendre des décisions différentes et acquérir la vraie richesse, je dois influencer mon esprit subconscient pour que les décisions soient différentes...créant ainsi des actions différentes et des résultats différents et souhaitables. Je Vis Dans la Grandeur en construisant mon caractère maintenant.

Et comment faire cela ?

En utilisant la Loi de la Croissance. Une pensée chargée d'émotion devient une idée dans le subconscient. Grâce à la répétition et à l'émotion, le subconscient acceptera cette nouvelle pensée, créant une croyance et mes actions deviennent toujours obéissantes à mes nouvelles croyances. Je suis exactement la recette des Sept Anciennes Vérités, car je sais que faire un gâteau avec la moitié des ingrédients ne donne rien.

Je promets de suivre ces instructions. Chaque jour je lis cette Vérité au moins deux fois, c'est ma première action du matin, et ma dernière avant de me coucher. Chaque matin je lis la vérité en silence et ensuite je reste assis sans bouger et en silence pendant cinq minutes. Le soir je la lis à nouveau mais cette fois avec une voix ferme et enthousiaste, chargée d'émotion. Et à quoi est-ce que je pense ? Aux choses de ma vie pour lesquelles je suis en gratitude. Je répète ce rituel deux fois par jour pendant 14 jours avant de passer à la Vérité suivante. Je consacre 2 semaines à chaque Vérité, influençant mon subconscient, faisant grandir mon caractère et Vivant dans la Grandeur de sorte que la Carte devienne mienne, ainsi que les 13 Richesses. Mon esprit peut dériver souvent vers d'autres choses pendant ces 5 minutes durant lesquelles je suis assis absolument sans bouger et en silence, cependant je l'observe et je reviens à mes gratitudes. Encore. Et encore. Ma concentration s'améliore.

Et qu'en est-il de l'abondance aujourd'hui ?

La gentillesse est une expression de la gratitude. A partir de maintenant je commence à identifier la gentillesse en chaque personne, partout et en tout. Je transporte la gentillesse avec moi mentalement et physiquement. Mes manières sont une magnifique et merveilleuse expression de la gentillesse. A chaque rencontre je donne quelque chose ; de l'amour, un compliment, une bénédiction, un câlin, il n'est pas important que je donne physiquement ou en pensées. Ce qui compte c'est que je sois conscient de la chance de donner et de la sincérité de mes dons.

Je me rappelle que je donne sans attente de réciprocité. Je m'efforce de poser au moins 2 actes de gentillesse chaque jour sans être remarqué. Je commence à voir, jour après jour, plus de gentillesse dans le monde et ma gratitude grandit. À la fin de chaque jour je note 3 choses pour lesquelles je suis en gratitude, du passé ou du présent, avant ma lecture du soir de la Vérité et ma séance assise de tranquillité et de silence. Mes 3 gratitudes quotidiennes sont toujours différentes ; ceci me tient en éveil et me connecte à l'abondance. Comme beaucoup avant moi, cela semblera comme si j'écrivais une liste de courses, pourtant je commence bientôt à remarquer que je ressens la gratitude, j'ai un cœur empli de gratitude...

Et qu'en est-il de Vivre Dans la Grandeur ?

Le secret de la Carte est qu'elle est tridimensionnelle ! Je dois Vivre Dans la Grandeur pour voir au-delà des distractions et des tentations qui bloquent les 13 Richesses de la Vie, et des mirages de richesse du monde qui attirent les personnes sans caractère. Vivre Dans la Grandeur concerne la croissance de la grandeur qui sommeille en moi, la grandeur de mon caractère. Je ne Vis pas Dans la Grandeur pour être au-dessus des autres, mais pour être un exemple de gratitude, de gentillesse et de croissance intérieure. La croissance du caractère commence avec le don à moi-même et je le fais. Je me fais la promesse de lire chaque Vérité deux fois par jour pendant deux semaines, et de m'asseoir en silence, sans bouger, et de penser comme indiqué. Je signe en-dessous de la ligne ci-dessous et je lis la promesse à haute voix après les deux lectures, mon nom inclus. Je commence maintenant car maintenant est le seul endroit où quelque chose peut se passer et ma fortune future est déterminée par ce que je fais *maintenant*.

_____

Je donne avec gratitude et je tiens toujours mes promesses.

Lisez cette Vérité chaque jour matin et soir pendant deux semaines consécutives. A la fin de chaque lecture, rendez-vous au tableau de la page 101 (page 3 du Cahier de Travail en PDF*) et exécutez les autres pratiques du jour recommandées ; à la fin de chaque pratique, cochez soigneusement la case correspondante dans le tableau pour marquer le fait que vous l'avez réalisée avec succès.

* Vous pouvez demander gratuitement une copie électronique en format PDF du Cahier de Travail en envoyant un e-mail à l'adresse suivante :
Service@VivreDansLaGrandeur.com

La Deuxième Vérité

« Le I »

Imagination

Je suis en gratitude, mon monde est un peu plus gentil chaque jour. Au fur et à mesure que la gratitude pénètre mon cœur, que je donne sans attente de retour et que je deviens un meilleur observateur, plus de choses dignes de gratitude se révèlent d'elles-mêmes.

La gratitude est une cause, pas un effet.

Je Vis dans la Grandeur et je développe l'humilité. Il est devenu clair pour moi que faire grandir mon caractère est le seul chemin vers ma grandeur. Cette grandeur n'a pas pour but de me glorifier ni de me faire remarquer par le monde qui m'entoure. Etre grand signifie simplement que je fais de mon mieux dans toutes les tâches, avec tout le monde, avec les Vérités et avec moi-même. La récompense est la paix de l'esprit. Cette paix de l'esprit ouvre la porte de mon imagination. Vivre dans mon imagination conduit à vivre une vie qui a du sens, avec un but et en conscience.

Je donne avec gratitude et je reçois humblement.

Aujourd'hui je reçois humblement la sagesse plus profonde liée à l'imagination et je m'offre avec gratitude le cadeau de régénérer ma splendide imagination.

J'ai saisi une formidable compréhension de ma vie grâce à la Première Vérité. J'ai créé la vie que j'ai choisie par les décisions que j'ai prises, jour après jour, minute par minute. Je Vis Dans la Grandeur ici et je le célèbre, peu importe ce que je ressens par rapport aux circonstances présentes, en gratitude de savoir que je suis un créateur. Si je désire des circonstances différentes, je dois prendre des décisions différentes. Je sais que le subconscient prend toutes les décisions et en influençant mon subconscient par des répétitions enthousiastes, mon avenir sera déterminé par mon imagination et non par des résolutions ou un réaménagement des circonstances présentes.

La vie que je mènerai dans le futur est déterminée par les pensées que j'entretiens. Les pensées que j'entretiens sont mon intention. Il n'y a que deux types de personnes dans le monde. Celles qui entretiennent des pensées à propos de leurs circonstances présentes et celles qui entretiennent des pensées à propos de la vie pleine de sens qu'elles désirent sincèrement. Etant donné que la pensée chargée d'émotions crée mes croyances, et que mes croyances sont le siège de mes habitudes, et que mes habitudes déterminent mes actions, et mes actions créent mes circonstances, j'ai une décision très simple à prendre.

Continuerai-je à me concentrer sur mes circonstances qui renforcent mes croyances, mes habitudes, mes actions et la vie que j'ai pour l'instant, ou bien créerai-je une nouvelle intention dans mon imagination, la chargerai-je d'émotions, et me fabriquerai-je de nouvelles croyances, habitudes et actions ?

Plus concrètement, vais-je me battre pour garder ma vie actuelle, résolu à vivre suivant les vieilles expériences banales auxquelles s'accroche fermement mon esprit actuel, ou bien me rendrai-je à mon désir de cœur, m'ouvrant à l'aventure et vivant suivant les progrès dictés par des idées et des pensées nouvelles ?

Que vais-je décider ? La grande sagesse de la Deuxième Vérité rend cette décision facile à prendre et facile à vivre.

La vie n'a pas de signification, elle a toujours été, et elle sera à jamais.

Pendant que d'autres dépensent éperdument leur imagination à essayer de comprendre le sens de la vie, je sais maintenant que la vie…est, simplement. C'est tout. Il n'y a pas de mystère, pas d'énigme à résoudre et aucune signification philosophique profonde. La vie ne me donne pas du sens ; le seul sens que ma vie aura à jamais est le sens que je lui donne. Je donne du sens à ma vie en décidant ce qu'est ma raison d'être et cette raison d'être se trouve dans mon imagination.

Je choisis le progrès au repli sur soi, l'aventure à la routine confortable. J'écoute les murmures de mon cœur. J'ai pris ma décision ! Cette simple décision ouvre un champ infini de possibilités dans mon imagination et évite le piège inexorable d'essayer de réparer ce qui se trouve dans le passé. Désormais, je ne mesure plus la vie au nombre de mes respirations mais par les moments qui me coupent le souffle !

Et où se trouve ce chemin vers les moments de rêve, d'excitation et de raison d'être ? Mon imagination. Je maîtrise mon imagination en l'utilisant comme une lumière qui découvre et pénètre de nouveaux mondes. Tout ce que l'humanité a accompli jusqu'à ce jour, a d'abord été une pensée, une idée qui a germé dans notre imagination. En répétant cette pensée chargée d'émotions, une image mentale claire s'est créée. Ceci est vrai pour les vêtements que je porte maintenant, la chaise sur laquelle je suis assis, la maison dans laquelle je vis, et le village dans lequel se trouve la maison. C'est vrai pour tout ce qui existe, et *c'est mon imagination qui donne naissance à l'idéal qui devient mon avenir*. Chaque artiste, explorateur, inventeur et auteur a utilisé cet instrument à couper le souffle qu'est l'esprit pour créer des merveilles et des miracles.

L'architecte en chef a fait de moi un chef-d'œuvre et je fais maintenant pareil de ma vie. Je suis l'artiste du tableau que devient ma vie. Sa beauté est issue de mon imagination. Je suis l'inventeur inventant la vie que je désire et utilisant mon imagination pour obtenir une image mentale claire de cet idéal. Je découvre de nouveaux mondes pour la personne que mon cœur aspire à être. C'est moi l'auteur de mon avenir et je ne donne plus jamais ma plume aux autres pour l'écrire à ma place.

C'est mon imagination qui donne naissance à l'idéal qui devient mon avenir. Et comment ferai-je cela aujourd'hui ? En exerçant mon imagination je cultive mon idéal. Je commence par la question à laquelle seul mon cœur peut répondre et je laisse ensuite mon imagination travailler en créant une image de plus en plus claire du « soi » idéal et de mon monde. La question est celle-ci ; « Qu'est-ce que je prétends ne pas savoir ? » Alors que mes parents, l'école, les institutions, et les cultures ont tous des idées sur ce qui est le mieux pour moi, je sais dans mon cœur ce qu'est mon idéal et j'arrête de prétendre ne pas savoir ce qu'est vraiment mon désir de cœur.

En vivant avec cette Vérité pendant 14 jours, la lisant deux fois par jour et m'asseyant ensuite en silence, je fais de nouvelles choses avec mon imagination pour l'exercer. Premièrement, je m'assieds pendant 6 minutes après la lecture silencieuse du matin et de la journée, et la lecture à voix haute le soir. Je commence chaque séance assise avec l'affirmation suivante, « *Je connais mon idéal. Il se manifeste car il est bon pour moi, ne prend rien de précieux aux autres, est fondé sur le service aux autres et représente la Source de Tous les Bienfaits avec respect.* » Je dirige ensuite mon imagination pour obtenir une image mentale claire de cet idéal. Puisque le subconscient ne connaît pas la différence entre quelque chose d'imaginé clairement et quelque chose qui se passe réellement, je dirige mon imagination de la manière suivante. J'imagine entrer dans un bar familier de la place du marché où mon meilleur ami est attablé. Nous nous saluons comme d'habitude et entamons une conversation, comme nous le faisons normalement. Lorsqu'il me demande « Quoi de neuf ? » je partage cette grande aventure que je viens de vivre, décrivant en détails mon idéal <u>comme s'il s'était déjà produit</u>. Je vois la joie sur le visage de mon ami, le bonheur dans ses yeux, ses cris de jubilation et ses rires. A chaque séance assise, ma concentration s'améliore. Je vois de plus en plus de détails, le même bar, nous portons tous les deux les mêmes vêtements, mais mon imagination remarque plus de détails dans le bar et à propos de mon ami et de moi-même. Je vois, ressens, touche et entends l'expérience pendant chaque séance assise avec de plus en plus de détails. *C'est mon imagination qui donnera naissance à l'idéal qui devient mon avenir.* J'utilise mon imagination pour créer l'intention de ma vie. Au dernier jour consacré à cette Vérité, je prends une petite carte et j'écris mon intention maintenant parfaitement claire en y incluant les émotions que je sais expérimenter au moment où elle se réalise.

J'utilise quotidiennement mon imagination pour donner vie à mon intention et je tiens toujours mes promesses.

Lisez cette Vérité chaque jour matin et soir pendant deux semaines consécutives. A la fin de chaque lecture, rendez-vous au tableau de la page 102 (page 4 du Cahier de Travail en PDF) et exécutez les autres pratiques du jour recommandées ; à la fin de chaque pratique, cochez soigneusement la case correspondante dans le tableau pour marquer le fait que vous l'avez réalisée avec succès.

La Troisième Vérité

« Le R »

Relâcher les Croyances Limitatives

Je suis en gratitude, mon monde est un peu plus gentil chaque jour. Mon cœur en gratitude se réjouit de donner sans attente de retour. En devenant un meilleur observateur je remarque plus de choses dignes de gratitude se révéler d'elles-mêmes. Les ressources, les idées, les gens, les opportunités et les encouragements nécessaires pour manifester mon intention ne sont qu'une fraction de la prospérité croissante que fournit au quotidien la Source de Tous les Bienfaits. La gratitude est une cause, pas un effet, et je suis dans le mouvement. Je donne avec gratitude et reçois humblement.

Alors que mon imagination donnant naissance à mon intention et ma concentration axée sur la lecture quotidienne et vigoureuse de ma carte plusieurs fois par jour sont essentielles pour influencer mon subconscient, c'est mon attention minute par minute qui manifeste mon intention. Je dois me détacher du résultat et éviter le destructeur de nombreuses intentions magnifiques chez une multitude de gens au fil des siècles. Et quel est ce destructeur ? Les croyances limitatives. Les croyances limitatives sont tout ce qui se trouve entre les 13 richesses, mon intention et moi-même. Je continue à grandir, étant ainsi capable de voir au-delà des croyances limitatives. *Je suis prêt à relâcher ce dont je n'ai plus besoin pour recevoir ce que je désire.*

> Dans plusieurs villages ils utilisent des pots percés d'un petit trou sur le côté pour capturer les singes, simplement en mettant des bananes dans le pot et en fermant le couvercle. Le singe peut facilement introduire sa main par le petit trou et attraper une banane, mais en tenant la banane, il ne peut plus sortir sa main. Tout ce que le singe a à faire pour se libérer est de relâcher la banane. Malheureusement, il ne le fait jamais et capturer des singes est facile pour les villageois. Pour recevoir la récompense qui se trouve dans les Vérités, construire un grand caractère, recueillir les 13 richesses et mon intention, je dois comprendre que toutes les croyances limitatives doivent être relâchées, libérées. Le singe renonce à sa liberté pour une banane et ceci m'enseigne une grande leçon. Il ne peut pas avoir la banane et sa liberté. *Je suis prêt à relâcher ce dont je n'ai plus besoin pour recevoir ce que je désire.*

Certaines de ces croyances limitatives sont faciles à voir, d'autres ont fait l'objet d'un déni personnel, et d'autres encore sont cachées dans mon « angle mort. » Dois-je rechercher ces croyances limitatives ? Bien sûr que non ! La Grande Loi de la Croissance m'enseigne que ce que j'identifie se multiplie. Rechercher des croyances limitatives dans mes pensées les fait grandir en leur donnant du pouvoir. M'accrocher à des croyances limitatives entraverait ma raison d'être et imiterait le singe qui tient sa banane. Je ne suis pas un singe incapable de voir la différence entre un repas et la liberté. *C'est mon imagination qui donnera naissance à l'idéal qui devient mon avenir*, et je comprends maintenant que les croyances limitatives font obstacle à ce superbe cadeau.

Et donc, comment est-ce que je relâche toutes les croyances limitatives ? Je commence par accepter que le mécanisme entre mes deux oreilles est sans équivalent, qu'il est splendide et qu'il travaille à la perfection. Ceux qui m'ont éduqué, et les institutions qui m'ont formé, ont fait de leur mieux pour me protéger, cependant je n'ai jamais appris les Grandes Lois de l'esprit irréprochable que m'a confié le Créateur. Ceci m'a rendu inconscient de l'immense pouvoir dans le domaine de mon esprit et m'a laissé sans expérience pour exploiter sa force. Des modes de pensée négatifs et des mauvaises habitudes mentales copiés inconsciemment chez les autres ont multiplié mes croyances limitatives. *Je suis prêt à relâcher ce dont je n'ai plus besoin pour recevoir ce que je désire.*

Comment est-ce que je relâche toutes mes croyances connues et inconnues ? En apprenant et en appliquant la Loi de Substitution, une autre Grande Loi de l'Esprit. Cette Loi est simple : l'esprit ne peut entretenir qu'une pensée à la fois. En libérant mon esprit de l'attachement et de l'ego, ma concentration s'améliore et s'accélère vers l'attention focalisée, ce qui accélère la manifestation de mon intention. Je commence par ne juger personne.

Chacun de mes jugements est une forme d'attachement à la personne que je suis et m'empêche de devenir celle que j'ai toujours été destinée à être, celle qui Vit Dans la Grandeur et acquiert la richesse abondamment. Ces jugements se manifestent des douzaines de fois par jour sous la forme d'opinions. Chaque opinion que je suis tenté de formuler verbalement, je m'en abstiens. Au lieu de cela, je donne de l'amour et du respect. En observant mes nombreuses opinions et mes dérapages fréquents durant les un ou deux premiers jours, je ris et je célèbre ma découverte. Je sais que le fait de ne pas donner d'opinion relâche les croyances limitatives. Arrêter de parler est relativement facile pour moi, la véritable bataille sera les opinions dans mon esprit. Je sais que je finis par sortir victorieux grâce à cette nouvelle habitude de pensée qui remplace les croyances limitatives. *Je suis prêt à relâcher ce dont je n'ai plus besoin pour recevoir ce que je désire.*

Il n'y a pas de croyance limitative plus grande qu'une pensée négative. J'adopte cette nouvelle étape connue sous le nom de *diète mentale*. Je surveille mes pensées avec une détermination de fer pour ne plus entretenir de pensées négatives. C'est ici que la Loi de la Substitution paie d'énormes dividendes. Chaque fois que je jure, que j'exprime de l'impatience, de la colère envers quelqu'un d'autre extérieurement, ou que j'ai simplement une pensée négative, je me connecte à ma plus haute intention. Je peux utiliser la carte que j'ai écrite ou mon imagination en développement. J'ai maintenant le choix. Je peux garder la pensée négative et la laisser fortifier mes croyances négatives ou je peux lui substituer une pensée différente : mon désir de cœur...ou le Créateur, ou un moment merveilleux dans ma vie. Je peux déraper souvent les quelques premiers jours mais j'ai maintenant en ma possession une vérité d'une puissance colossale ; en passant sept jours d'affilée ou plus sans une pensée ou un mot négatif ou une opinion, toutes les croyances limitatives que je pourrais avoir finiront par s'atrophier. Je me sens tellement bien maintenant que je commence une vie sans pensée négative, m'améliorant chaque jour. Pourquoi ? *Je suis prêt à relâcher ce dont je n'ai plus besoin pour recevoir ce que je désire.*

Comme toujours je lis la Vérité deux fois par jour et je la lis toujours le soir à haute voix avec intense émotion. Ces deux semaines, cependant, je vis une métaphore inspirante. Au lieu de faire ma séance assise calmement après ma lecture du matin, je prends plusieurs cailloux et je les mets dans ma chaussure gauche. Je marche pendant 4 minutes et je pense à toutes les choses dans ma vie qui ne sont pas satisfaisantes, ce qui ne va pas avec ma maison, mes amis, le gouvernement...tout ce qui ne va pas. Je marche pendant 4 minutes en boîtant et en ressentant l'inconfort pendant que mon esprit juge les autres. J'arrête, je sors les cailloux de ma chaussure, et je marche pendant 4 minutes supplémentaires. Cette fois, je pense aux choses qui vont bien, mon intention, les bonnes choses qui me sont arrivées, les choses pour lesquelles je suis en gratitude. A la fin de cette marche, je réfléchis 30 secondes à ma métaphore mobile. Qu'est-ce qui était le plus agréable ? Est-ce que je comprends que ces cailloux ne sont rien comparés au pouvoir de la pensée négative ? Est-ce que je vois maintenant aisément, en me débarrassant des cailloux et en inversant mon esprit vers le positif que j'ai ce pouvoir du choix à ma disposition ? Après la lecture du soir je fais ma séance assise au calme pendant 6 minutes et durant la première minute, je revis les deux parties de cette marche du matin. Je consacre les 5 dernières minutes à célébrer mes progrès, pensant à mon intention et abasourdi par le pouvoir que j'ai découvert en moi de contrôler mes pensées.

J'entretiens uniquement des pensées positives et je tiens toujours mes promesses.

Je Vis encore plus Dans la Grandeur, en tenant mes promesses.

Lisez cette Vérité chaque jour matin et soir pendant deux semaines consécutives. A la fin de chaque lecture, rendez-vous au tableau de la page 103 (page 5 du Cahier de Travail en PDF) et exécutez les autres pratiques du jour recommandées ; à la fin de chaque pratique, cochez soigneusement la case correspondante dans le tableau pour marquer le fait que vous l'avez réalisée avec succès.

La Quatrième Vérité

« Le A »

Action Focalisée et Sans Attachement

Je suis en gratitude et je ressens de plus en plus de passion chaque jour pour mon intention. J'ai entendu les murmures de mon désir de cœur et chaque jour mes actions prouvent ma loyauté à mon intention. La vie me renvoie une merveilleuse sensation de raison d'être sincère. Comment cela s'est-il produit si rapidement ? La Loi de l'Environnement est le secret que connaissent tous les gardiens des Vérités. Et quelle est cette Loi de l'Environnement ?

Tout ce qui appartient à un environnement apparaîtra et grandira exactement comme ce qui n'appartient pas à un environnement s'atrophiera.

Ma première action du jour est de protéger ce nouvel environnement splendidement construit dans mon esprit en l'entourant d'un barrage verbal de gratitude. En faisant de cette action la première de ma journée, elle crée encore plus de choses dignes de gratitude, y compris tout ce qui me permettra de manifester mon intention et de maintenir la sensation gratifiante d'une vie vécue avec une raison d'être.

Les pingouins et les ours polaires prospèrent dans le froid intense et ils ne viennent pas dans le désert de peur d'y périr. Ceci est vrai pour tout dans la nature. Puisque je fais aussi partie de la nature, il en est ainsi également pour la seule chose sur laquelle j'ai un contrôle, l'environnement de mon esprit. Je dépose avec grand soin cet environnement sans limite dans mon berceau intérieur. Je cultive une attitude majestueuse qui invite continuellement des pensées positives, des idées utiles, la gentillesse, la gratitude, les âmes sœurs et l'amour. Etant donné que ces attributs appartiennent véritablement à ma nature authentique, la Loi de l'Environnement doit les faire apparaître et fleurir rapidement car je protège l'environnement de mon esprit avec diligence. La peur, le doute, l'insécurité et les croyances limitatives essaient de s'immiscer de temps en temps dans l'environnement de mes constructions mentales, mais tout cela s'évanouit et meurt rapidement comme des roses en Antarctique.

Bien que le sentiment d'avoir une raison d'être m'élève et me fasse du bien, la sagesse de cette Vérité m'enseigne que je dois agir sans hésitation à partir des idées qui font avancer mon intention vers la réalisation et je le fais. Mes actes quotidiens sont une expression de qui je suis. Vivant Dans la Grandeur, je fais ce que je dis de sorte que les pensées à propos de ma raison d'être et mes actions soient identiques. Mes actions parlent avec force à ma raison d'être et sont une indication claire pour tout le monde et pour moi-même que je vis ma vie de manière réfléchie à la fois *avec intention et en conscience.*

Comment est-ce que je connais les actions à prendre pour m'améliorer, pour améliorer mes relations et faire grandir ma raison d'être jusqu'à une réalité vivante ?

Il y a de la grandeur en moi. Pour faire croître cette grandeur je dois faire de mon mieux. Pour faire de mon mieux, je dois savoir quoi faire. Pour savoir concrètement quoi faire dans toutes situations, je m'interroge constamment depuis le point de vue de la personne que j'ai imaginée être moi-même lorsque je pense à mon intention. Ceci est la question unique qui classe immédiatement toutes les idées, élimine la confusion sur ce qu'il y a à faire, et transforme finalement les Vérités et la Carte des 13 Richesses de simples mots en mon territoire légitime.

« *Que ferait ensuite la personne que j'ai l'intention de devenir ?* »

L'ancêtre de toutes choses, de toute réalisation est la pensée...et ensuite l'action qui l'accompagne. Sachant que des choses telles que la peur, le doute et la procrastination s'évanouissent dans l'environnement d'attente positive que j'ai mis en place à l'intérieur de moi, je me retrouve instantanément dans l'action dès que je me pose la question « *que ferait ensuite la personne que j'ai l'intention de devenir ?* » Bien que quelques actions seraient différentes ou inconfortables au début, je possède maintenant un excellent éclairage sur cette Vérité ; le risque lié à l'action est devenu minuscule comparé au risque lié au confort de l'inaction.

Puisque j'ai été fidèle aux Vérités, j'ai appris à éviter de sauter dans l'action à chaque idée positive que j'entends. Le monde est rempli de tentations et de distractions. Il est plein de sollicitations, d'excellentes choses, de raccourcis inutiles, de promesses de bonheur illusoires, de bonnes idées et de bonnes affaires. Comment puis-je faire la différence et écarter toutes les distractions ? L'humilité !

J'ai fait mon choix, émis mon intention, déclaré ma raison d'être, et je sais qu'elle rend un excellent service aux autres, honorant la Source de Tous les Bienfaits. Mon focus est comparable à une loupe qui ne pourra allumer un feu qu'en restant immobile. Je maintiens mon focus sur ce qui fera avancer trois choses seulement ; ma relation à la *Source de Tous les Bienfaits*, à ceux que j'aime, et à ma raison d'être axée sur le service. Et tout cela ne forme-t-il pas un tout ? Si de bonnes choses croisaient mon chemin, j'ai l'humilité nécessaire pour savoir qu'elles ne sont simplement pas pour moi si elles ne font pas avancer ma raison d'être. « *Que ferait ensuite la personne que j'ai l'intention de devenir ? <* »

Et la plus grande des clairvoyances dans cette Vérité consiste à être détaché plutôt qu'attaché. L'attachement à hier m'oblige à regarder le passé, m'empêche de grandir, et je demeure inchangé. L'attachement au résultat de demain contrecarre la découverte des riches et nécessaires ressources et leçons qui ne se trouvent que dans le présent. Comme une loupe en mouvement, l'attachement à ces deux choses saborde mon attention et mon attention est ce qui détermine mon intention. Avec le focus stable de ma loupe et le détachement, mes actions sont excellentes car je fais attention au présent. *Maintenant*. *Maintenant* est tout ce qui est. *Maintenant* est tout ce qui a toujours été, et *maintenant* est tout ce qui sera à jamais.

Chaque action produite en me demandant « *que ferait ensuite la personne que j'ai l'intention de devenir ?* » fait progresser mon intention de l'une des deux manières suivantes. Soit elle fait avancer ma raison d'être soit elle m'enseigne quelque chose de profond qui servira à remplir ma raison d'être plus tard. Je suis sans attachement, me délectant de continuels moments d'incertitude ; je comprends parfaitement qu'il n'y a aucune nouvelle sagesse à trouver dans ce à quoi je suis attaché et que je connais déjà. Vivre Dans la Grandeur dans le champ dynamique de l'incertitude me fait découvrir les nouvelles inspirations et le potentiel infini dont j'ai besoin pour remettre facilement à jour ma raison d'être.

Et comment est-ce que je découvre ces leçons et ces ressources exprimées avec grâce par la Source de Tous les Bienfaits, pour que je puisse les transformer en service et réaliser mes rêves ? Par l'action ! Mon sourire ouvre la porte à la grâce des gens, et mes manières brillent avec une telle sincérité qu'ils m'invitent dans leur vie et partagent avec moi. Comme pour toutes les créatures, les semblables s'attirent et être une personne qui donne avec gratitude déclenche une marée de tout ce dont j'ai besoin ce jour si j'y prête attention.

Je promets de signer et de lire cette Vérité deux fois par jour. Vivre avec cette Vérité pendant 14 jours élimine le temps qui sépare une idée faisant progresser ma raison d'être de son passage à l'action positive et détachée. J'embrasse mon compagnon ou ma compagne *maintenant* si l'idée m'en passe par la tête, pas plus tard. J'aide un ami *maintenant* lorsque l'idée s'en présente, pas plus tard. Lorsque je développe mon affaire, je sais toujours ce que la personne que j'ai l'intention de devenir devrait faire pour la faire avancer. Je le fais d'abord, je le fais mieux et je le fais plus souvent chaque jour. Je récompense mon comportement et je reste détaché des résultats. Exactement comme le soleil se lève à l'Est, les excellents résultats apparaissent si je ne m'engage que dans les comportements de la personne que j'ai l'intention de devenir.

Après ma lecture du matin, je répète la phrase « fais-le maintenant » 25 fois à haute voix avec toute l'émotion dont je suis capable. Je m'assieds ensuite sans bouger pendant 6 minutes et dans mon esprit je me vois prendre action sur les comportements principaux qui font avancer mon intention. Mon esprit peut diverger mais je remarque que ma concentration s'améliore de jour en jour. Si elle s'égare je souris et j'en reviens tout de suite à imaginer les actions que je prends, me voyant en mouvement et visualisant les résultats positifs de mes actions. Je termine la séance assise du matin en répétant à nouveau « Fais-le maintenant » 25 fois avec encore plus d'émotion !

Après la lecture du soir à haute voix, je fais une nouvelle séance assise de 6 minutes. Pendant cette séance, je revois ma journée, en pensant à seulement deux choses. Premièrement, je me demande en moi-même « *Qu'ai-je fait correctement ?* » Dans mon esprit, je fais la liste de chaque chose que j'ai faite correctement, aussi petite qu'elle paraisse. Je me demande ensuite, « Que puis-je améliorer ? » Ceci révèle des idées sans prix. Ces actions, combinées à mon habitude de tenir toutes mes promesses fait Vivre mon caractère Dans la Grandeur un peu plus chaque jour.

Je répète « fais-le maintenant » 25 fois, deux fois par jour et je tiens toujours mes promesses.

Lisez cette Vérité chaque jour matin et soir pendant deux semaines consécutives. A la fin de chaque lecture, rendez-vous au tableau de la page 104 (page 6 du Cahier de Travail en PDF) et exécutez les autres pratiques du jour recommandées ; à la fin de chaque pratique, cochez soigneusement la case correspondante dans le tableau pour marquer le fait que vous l'avez réalisée avec succès.

La Cinquième Vérité

« Le Premier F »

Faire les Choses Principales en Premier

Je grandis en caractère et je me sens chaque jour Vivre un peu plus Dans la Grandeur, poussant par l'action mon potentiel réalisé et grandissant vers de nouveaux sommets.

Chaque jour, je vais bien au-delà des limites que les autres et moi-même avons fixées. Je suis convaincu que les 13 Richesses de la Vie sur La Carte deviennent une confirmation manifeste de l'immense pouvoir intérieur que je commence à accumuler. Bien que je sois une personne d'action je comprends parfaitement qu'il y a une différence significative entre activité et productivité. Comment est-ce que je m'assure que chacune de mes actions est bien en ligne avec la personne que j'ai l'intention de devenir ? Comment puis-je déclarer en confiance *avant* de me lever le matin que mes actions sont alignées sur les vrais trésors que promet mon potentiel illimité ?

Je fais les choses principales en premier. Une personne à double personnalité est instable sur de nombreux plans. Qu'est-ce qu'une personne à double personnalité ? C'est une personne qui change sa philosophie et ses priorités en fonction des circonstances, plutôt que de faire les choses principales en premier. Pourquoi est-ce que ceci nous rend instables ?

A moins de prendre position pour quelque chose, nous ne serons crédibles pour rien.

Je suis en gratitude pour la sagesse de cette Vérité et pour ma décision irrévocable de faire les choses principales en premier. Comment est-ce que j'établis en permanence mes priorités tout en restant ouvert à tout et en manœuvrant avec confiance dans les sagesses de l'incertitude ? *Je fais les choses principales en premier.*

Il était une fois un homme qui n'avait pas terminé son travail pendant les heures imparties et il l'emmena donc à la maison. Alors qu'il travaillait à son bureau le samedi matin tôt, son jeune fils fit irruption dans la pièce où l'homme peinait à la tâche. Le garçon voulait que son père joue avec lui comme d'habitude. Le père expliqua qu'il devait travailler. Les lèvres du garçon commencèrent à trembler pendant qu'il essayait de retenir ses larmes. Le père, soucieux d'alléger la peine de son fils eut une idée pour retarder le moment de jouer. Il prit un dessin de la carte du monde, la tint en l'air et appela le garçon sur ses genoux. Le père dit, « Je vais faire un puzzle avec ceci et dès que tu l'auras reconstitué je jouerai avec toi. » Le père déchira la carte en de nombreux morceaux. Il pensait que cela prendrait un certain temps car l'enfant n'avait aucune connaissance de la géographie du monde. Le père fut soulagé de voir l'enfant quitter la pièce avec des douzaines de morceaux de papier. Moins de 2 minutes plus tard, l'enfant était de retour avec la carte parfaitement assemblée. « Peut-on jouer maintenant comme tu l'as promis papa ? » Le père était abasourdi en se levant de son bureau pour tenir sa promesse, et ne put s'empêcher de demander à son fils comment il avait fait pour assembler la carte aussi vite. « Oh, c'était facile papa. Quand tu tenais la carte levée au début, j'ai remarqué qu'il y avait de l'autre côté le dessin de la tête d'un monsieur. Je savais que si je parvenais à reconstituer le monsieur, la carte serait juste. »

Je fais les choses principales en premier.

Si je suis juste dans mon cœur, mon monde extérieur sera juste aussi. Et comment fais-je pour être juste dans mon monde intérieur ? Ma bonne condition spirituelle est toujours ma première priorité. Toutes mes actions à partir de ce jour sont basées sur le fait d'honorer *La Source de Tous les Bienfaits*. J'ai débuté ce processus par des séances assises quotidiennes et silencieuses. J'étends cette habitude en incluant la communication journalière avec La Source. La prière consiste à parler à *La Source de Tous les Bienfaits* comme je la comprends et la méditation consiste à écouter La Source. Je fais le vœu sincère de maintenir mon monde intérieur spirituellement sain. *Je fais les choses principales en premier*. J'élève chaque jour mon contact conscient avec La Source en demandant uniquement trois choses. Premièrement, je demande de plus grands pouvoirs d'observation, pour devenir plus averti des possibilités de servir les autres. Deuxièmement, je demande de me rappeler de donner un cadeau à chaque personne que je rencontre, comme indiqué dans la *Première Vérité*. Enfin, je demande la force de caractère nécessaire pour faire passer les droits des autres avant mes propres sentiments et les sentiments des autres avant mes droits. Ensuite, j'écoute avec le cœur ouvert.

Chaque vendredi je rassemble les personnes que j'aime et je les remercie pour leur soutien pendant la semaine. Je leur rappelle, ainsi qu'à moi-même, que rien n'est plus important à mes yeux que chacune d'elles, pas même mon travail et ma raison d'être, pourtant d'une importance vitale. Ensuite, je planifie du temps avec chaque personne que j'aime...cela pourrait être une promenade avec mon épouse, un jeu avec mon fils et une séance de thé imaginaire avec ma fille. Qu'est-ce qui est le plus important dans chaque activité ? Je suis entièrement présent, m'abstenant de quoi que ce soit d'autre en dehors de cette activité. Je termine cette rencontre en planifiant un moment pour nous tous, pour partager tous ensemble notre amour et notre joie. Je me retire ensuite pour planifier mon travail pour la semaine qui vient.

Et quel type de travail ? Chaque affaire ou profession possède un ou deux comportements critiques qui conduisent à la réussite. En me demandant « Que ferait ensuite la personne que j'ai l'intention de devenir ? » et en y combinant mon expérience, je sais déjà ce qui doit être planifié en premier lieu. Je prends le temps de m'améliorer en récoltant de la connaissance et en perfectionnant mes savoir-faire. Et où et quand est-ce que j'accomplis ceci ? A l'endroit même où nous trouvons tous les champions, le kilomètre en plus. J'ai l'énergie de parcourir le kilomètre en plus car je maîtrise cette Vérité, faisant les choses principales en premier. Je réalise maintenant que renoncer à des choses est en fait progresser ! Au fur et à mesure que ma connexion à la Source grandit, mon besoin pour des distractions infantiles qui ne servent aucun but pour la Source, les personnes que j'aime, moi-même ou mon travail s'éteint.

Pendant que d'autres changent constamment leurs priorités et tournent en rond tous les jours, l'habitude de *faire les choses principales en premier* s'implante dans l'environnement de mon esprit et devient indéracinable. Chaque jour, chaque séance assise en silence est précédée par quelques minutes d'écoute de la Source. Je suis parfaitement conscient que ces quelques instants investis pour demander à être un bon observateur, quelqu'un qui donne de l'amour à tous et respectueux des droits et des sentiments des autres avant les miens, suivis par deux minutes d'écoute avec mon cœur ouvert, sont un prix minuscule à payer pour les 13 Richesses de la Vie. *Faire les choses principales en premier* me fait grandir car mes priorités sont alignées avec l'Esprit Universel. Une fois que j'ai terminé ces 2 minutes, je pense au plus grand bâtiment de ma région et je consacre 4 minutes à le contempler. Dans mon esprit, je vois l'espace avant que le bâtiment n'existe. Je remonte dans le temps jusqu'aux ouvriers qui l'ont construit, les travailleurs qui apportaient le matériel aux ouvriers...de retour à ceux qui fournissaient les outils...et retour sur l'architecte qui en fit la conception...et les débats sur les pours et les contres de construire le bâtiment...et encore plus loin vers l'esprit qui a pour la première fois déclaré l'intention. Ce processus, répété deux fois par jour pendant ma séance assise silencieuse, devient de plus en plus détaillé. C'est ici que réside la sagesse plus profonde de cette Vérité. Ceci me change en produisant une pensée cosmique pour tout ce qui se trouve dans mon monde. Je ne vois plus les résultats finaux, mais plutôt l'intention manifestée étape par étape par ceux qui, comme moi, *font les choses principales en premier*.

Je promets de faire les choses principales en premier et je tiens toujours mes promesses

Lisez cette Vérité chaque jour matin et soir pendant deux semaines consécutives. A la fin de chaque lecture, rendez-vous au tableau de la page 105 (page 7 du Cahier de Travail en PDF) et exécutez les autres pratiques du jour recommandées ; à la fin de chaque pratique, cochez soigneusement la case correspondante dans le tableau pour marquer le fait que vous l'avez réalisée avec succès.

La Sixième Vérité

« *Le Deuxième F* »[1]

Une Fabrication de Première Classe réalisée par un Fabricant de Première Classe

Je suis une fabrication de première classe réalisée par un fabriquant de première classe et je peux aller en première classe si je rends des services de première classe sans attente de retour. Chaque jour je démontre avec une sincère humilité et un peu plus de consistance mon potentiel infini. En moi réside la Force Primordiale d'Etre ; c'est un réservoir inépuisable d'énergie positive, d'idées divines, de grandeur et de pouvoir inimaginable. Il n'y a rien à faire pour acquérir la Force Primordiale. Je suis né avec elle. Pour utiliser la force, tout ce qui est nécessaire est de commencer à étudier comment l'utiliser. Je réclame maintenant mon droit de naissance et je m'aligne sur cette Force. Je la sors de moi-même en utilisant les Anciennes Vérités et je l'exploite pour le plus grand bien. Je m'engage à Vivre toujours Dans la Grandeur avec cette vérité de la Force Primordiale d'Etre et je deviens grand maintenant.

Comment est-ce que je commence à prendre en compte l'exploitation de cette force qui apporte la grandeur ?

> Des marins naufragés dérivaient sur un radeau dans l'océan Atlantique. Ils n'avaient plus d'eau et souffraient des traumas de la soif. Après 3 jours, ils croisèrent un autre bateau et appelèrent désespérément pour de l'eau. Les nouveaux-venus répondirent, « Jetez votre seau dans l'eau ! » Comme cela avait dû sembler sadique. Les marins assoiffés continuaient à demander de l'eau, uniquement pour entendre toujours la même réponse, « Jetez votre seau dans l'eau ! » Finalement, en désespoir de cause, l'un des marins assoiffés jeta un seau dans l'eau et en ressorti une eau potable, propre et étincelante. Malgré qu'ils aient été hors de vue des terres, ils avaient dérivé jusqu'à l'estuaire de l'Amazone, qui rejetait de l'eau potable sur plusieurs miles dans la mer.

Ma grandeur et le pouvoir de mettre cette grandeur en œuvre résident en moi. Comme les marins, je n'ai besoin que d'exercer l'Art de la Reconnaissance et l'Acte de Reconnaissance. Je reconnais la grandeur en moi et j'agis sur elle. La Grandeur consiste à faire du mieux dont je suis capable avec chaque pensée et l'action qui s'ensuit.

Et comment est-ce que je m'engage dans l'Art de la Reconnaissance ?

---

[1] NDT En anglais, le mot « girafe » s'écrit avec deux « f », d'où cette sixième vérité utilisant à nouveau cette lettre.

Je reconnais que la Source de Tous les Bienfaits a fait le monde parfait. Cela est vrai aussi pour tous les gens, moi inclus. Je peux décider de voir le monde comme parfait *dans son stade actuel de développement* ou je peux le voir comme se dégradant. Je ne peux pas le voir des deux façons en même temps. C'est vrai aussi pour tous les gens, moi inclus ; **parfait cependant incomplet**. Comme d'autres « qui jettent leur seau dans l'eau » je suis impatient de faire de mon mieux avec les talents et les ressources que j'ai en moi pour aider le monde à avancer et à parachever la perfection de son avancement.

Ceci est la grande découverte qui m'inspire pour m'extirper de la foule des suiveurs apeurés et Vivre Dans la Grandeur, dans la Vérité Primordiale de l'Etre, et devenir ainsi un vainqueur sans peur. Je comprends totalement les deux mêmes grandes réalités que tous les détenteurs de cette Vérité très puissante ont mises en lumière au cours des millénaires.

Premièrement, tous les gens sont créés égaux, et deuxièmement, il n'y a pas de gens ordinaires. Je reconnais maintenant que la Source de Tous les Bienfaits donne *à tous les gens* le contrôle sur une seule chose, pas trois choses, ni sept, juste une : *la pensée*. Nos pensées, en étant maintenues et suivies d'actions, déterminent qui nous sommes. Sachant que cette capacité à contrôler la pensée est donnée à tout le monde, nous sommes tous égaux et pouvons tous réaliser de grandes choses. Tout ce qui a été disponible pour les personnes extraordinaires est disponible pour tout le monde. Ceci est en conséquence la clé de l'Art de la Reconnaissance.

Et comment est-ce que je pratique l'Acte de Reconnaissance ?

En contrôlant *mes pensées*, j'ai le moyen d'exprimer ma grandeur individuelle, d'expérimenter des miracles, et de manifester la richesse dans tous les domaines de la vie. Ma volonté, à partir de ce jour, est utilisée exclusivement pour observer *mes pensées* et les diriger ensuite pour le bénéfice de tous. La pensée, soutenue et entretenue, est la seule vraie mesure d'un homme ou d'une femme. Mes pensées, nourries, se chargent en émotions pour former mes croyances. Mes actions, dictées par mes croyances, sont une représentation précise de mes pensées. Et juste comme les saisons savent exactement quand il faut changer, si mes pensées sont grandes et belles mes actions seront grandes et belles également. J'ai besoin d'agir uniquement sur le réservoir sans limite du pouvoir intérieur pour penser de grandes choses et faire de grandes choses.

Bien que d'autres puissent avoir des difficultés avec l'idée de grandeur personnelle, j'avance chaque jour avec humilité, sans jugement. Etre grand signifie faire du mieux dont je suis capable avec ce qu'on m'a donné pour travailler. Je fais cela en sachant qu'être grand contient sa propre récompense et sert à expérimenter la paix de l'esprit, non l'autoglorification. Je ne prendrai jamais de repos avant que ce qui a de bon en moi ne devienne mieux, et que le mieux ne devienne le meilleur. Je suis maintenant la lumière du monde, je laisse *La Source* briller à travers moi et lorsque j'agis ainsi, ma présence fait que tous ceux qui s'engagent avec moi se sentent en sécurité, sûrs et comblés. Je suis une fabrication de première classe réalisée par un fabriquant de première classe, et je rends des services de première classe à tous, pour qu'ils soient inspirés à penser de grandes choses, à faire de grandes choses et à être grands eux aussi. Je suis une fabrication de première classe réalisée par un fabriquant de première classe.

Je sais maintenant que La Source n'est pas seulement aimante, elle est l'amour incarné. Je représente cet amour avec chaque pensée et chaque action. Cet amour qui coule à travers moi sert à encourager constamment chez tous l'infini potentiel qu'il y a en chacun de nous, et à savoir que chacun d'entre nous peut être grand. Il n'y a que deux étapes pour libérer la Force Primordiale intérieure et Vivre dans la Grandeur en caractère. Je les franchis toutes les deux maintenant.

La Première Etape ? Je libère tous les ressentiments avec l'amour. Les ressentiments sont les seules barrières dans le canal où coule la Force Primordiale. Les morsures de serpent ne tuent pas les gens, c'est le venin qui tue. Réel ou imaginaire, ancien ou récent, je pardonne tout indistinctement à tout le monde. Je me libère par le pardon et ouvre ainsi le canal de l'amour infini. Je sens la Force Primordiale qui s'engouffre, prête à être mobilisée.

La Deuxième Etape ? Elle se trouve dans l'énergie qui conduit toute chose, qui aime toute chose. J'étais entouré de ce secret mais j'en étais inconscient jusqu'à maintenant.

Quel est ce secret ?

L'Harmonie.

L'herbe reste de l'herbe, toujours. Les oiseaux restent des oiseaux, toujours. Ils sont en parfaite harmonie avec leur vraie nature ; ils sont ce pour quoi ils ont été conçus. Pour être grand, il me suffit d'être en harmonie avec ma vraie nature, celle que j'ai toujours été destiné à être. Je suis une fabrication de première classe réalisée par un fabriquant de première classe, et je rends des services de première classe.

Comment puis-je être certain que je suis en harmonie avec ma vraie nature ?

Si mon intention est bonne pour moi, n'affecte le bien de personne d'autre, et est au service du plus grand bien, je suis en harmonie avec La Source. Ceci est vrai pour moi car j'ai entendu mon désir de cœur, je sais qu'il est en harmonie et je me suis mis en harmonie avec ma propre nature en agissant sans hésiter à l'appel de mon cœur.

Et où trouverai-je le courage, l'énergie et les ressources pour rencontrer ces nobles désirs ? *Je peux faire toutes choses en passant par La Source, qui me renforce.*

Après chacune de mes lectures quotidiennes de cette Vérité, je contemple l'harmonie dans la nature, en pensant à la manière dont toutes choses fonctionnent en accord avec ce pour quoi elles ont été conçues. Je suis stupéfait par l'évidence ; l'herbe n'essaie pas de pousser, elle pousse, c'est tout. Les oiseaux volent, les fleurs s'ouvrent...et je deviens plus humble chaque jour en devenant conscient que la même chose est vraie pour moi, pour mon caractère et pour l'amour sans limite que j'ai à partager.

Je promets de m'asseoir en silence, en contemplant l'harmonie et je tiens toujours mes promesses.

Lisez cette Vérité chaque jour matin et soir pendant deux semaines consécutives. A la fin de chaque lecture, rendez-vous au tableau de la page 106 (page 8 du Cahier de Travail en PDF) et exécutez les autres pratiques du jour recommandées ; à la fin de chaque pratique, cochez soigneusement la case correspondante dans le tableau pour marquer le fait que vous l'avez réalisée avec succès.

La Septième Vérité

« Le E »

Enthousiasme

La dernière Vérité, l'enthousiasme, est ce qui donne la vitalité à chacune de mes actions, à mon intention et à ma vie, jour après jour. L'enthousiasme est le zeste charismatique qui attire tous les gens, engage tous les gens et affecte tous les gens positivement. L'enthousiasme en moi est abondant. Aujourd'hui est-il le jour où mon enthousiasme sans limite est libéré ? Oui !

Je suis si content de savoir que le tout est bien plus grand que la somme des parties et la maîtrise de cette dernière Vérité m'aide à Vivre Dans la Grandeur par le caractère.

Et comment pourrais-je ne pas être enthousiaste ? J'ai commencé à élever ma conscience avec l'espoir de pouvoir comprendre et utiliser la Carte des 13 Richesses. Et déjà j'ai acquis un grand nombre de récompenses qui existaient en moi sans que je ne le sache.

La **G**ratitude, je comprends maintenant qu'elle est une cause, non un effet. J'aime que mon cœur soit en gratitude et que plus de choses dignes de gratitude arrivent dans ma vie pour que je les partage. Comme promis, plus je donne et plus je semble recevoir. Je deviens plus prospère chaque jour par des moyens porteurs de sens.

L'**I**magination est le seul vrai pont vers l'enthousiasme. J'ai aiguisé mon imagination. N'utilisant plus mes forces créatives pour essayer de réparer le passé, je vois maintenant des images mentales claires de mon intention et de la personne que j'ai toujours été destinée à être. Je suis ravi d'avoir découvert que je suis créatif. Je crée une vie qui a du sens, je vis avec une raison d'être et pour ma raison d'être.

Relâcher mes croyances limitatives élève mon âme. Le remplacement des jugements et des opinions par l'amour et le respect m'a libéré des liens de l'ego. Je chéris ce cadeau et l'idée que je suis capable de contrôler mes pensées me rend fou de joie.

J'**A**gis en partant de mon intention et sans hésitation. La personne que j'ai l'intention de devenir sait ce qu'elle doit faire ensuite et **je le fais maintenant** avec confiance. Les moments d'hésitation ont disparu. Ne plus être attaché au passé ni aux résultats du futur augmente mon enthousiasme. Je sais que l'infini se trouve dans ce qui est fini, dans l'instant. Je suis conscient du merveilleux et il n'y a rien de plus excitant qu'être dans l'instant, expérimentant pleinement ma vie.

Faire les choses principales en premier préserve la justesse de mon monde intérieur et être juste à l'intérieur rend juste mon monde extérieur. Alors que ma relation avec La Source de Tous les Bienfaits et avec ma famille continue à s'améliorer en même temps que moi, une paix de l'esprit enveloppe mon être. Cette paix de l'esprit est la source de ma passion. Cette passion transparaît dans chaque aspect de ma vie spirituelle, de ma vie de famille et de ma vie professionnelle.

Une **F**abrication de première classe implique d'abord de penser à de grandes choses et de les faire. C'est parce que je pense à de grandes choses et que je maintiens ces pensées que mon corps obéit et que je fais de grandes choses. Je suis revigoré car j'ai commencé à développer ce qui a toujours été présent en moi. Je peux difficilement contenir mon contentement quand je regarde les autres trésors qui m'ont été donnés par mon créateur et que je vais extraire des profondeurs de mon âme.

L'**E**nthousiasme en moi grandit encore plus fort dans chaque fibre de mon être au fur et à mesure que je libère les sagesses plus profondes de cette dernière Vérité. Je commence par comprendre la finesse d'utiliser une Girafe pour symboliser ces Vérités. Je vois maintenant au-delà de la simple physicalité de Vivre Dans la Grandeur comme métaphore pour faire grandir mon caractère, et je réalise que j'élève ma conscience à de nouvelles hauteurs. *Mon temps est venu.*

Je m'élève vers les prémices d'un niveau de conscience entièrement différent qui galvanise les Sept Anciennes Vérités. Cet accroissement de conscience favorise en moi un enthousiasme sincère, irrésistible, continu, richement structuré qui allume l'intérêt, évoque les passions et inspire chaque personne que je croise dans ma vie. Je fais ceci maintenant car *mon temps est venu.*

Les Mésopotamiens et les Egyptiens ne font pas d'éloges lorsque les gens meurent. Ils posent une seule question pour mesurer la qualité d'une vie. Est-ce qu'il avait de la passion ? J'ai une grande passion car j'ai reçu la bénédiction de vivre avec une raison d'être et je vis maintenant ma vie pour cette raison d'être. Je suis impatient de voir le soleil se lever et je commence ma journée en confiance.

Et comment est-ce que je trouve cet enthousiasme qui me propulse hors de mon lit avec confiance ? Je le trouve grâce à la compréhension profonde et active d'une vérité irréfutable.

Rien, pas même une armée, ne peut arrêter une idée dont le temps est venu. Mon temps est venu.

Ce qui n'était qu'un faible murmure dans mon cœur s'est transformé en une idée et rien ne peut arrêter une idée dont le temps est venu. Cette idée est maintenant mon intention claire. Puisque mon intention est en harmonie avec La Source et orientée pour servir le plus grand bien, rien ne peut empêcher sa manifestation. Ainsi, mon enthousiasme grandit dans une passion électrisante.

Rien, pas même une armée, ne peut arrêter une idée dont le temps est venu. Mon temps est venu.

J'accepte humblement que le génie ait pris naissance en moi. Lorsqu'une intention est en harmonie avec *La Source* et est imprégnée d'amour venant d'un cœur pur, le génie est né. Mon cœur est pur. J'ai mis l'amour dans mon intention car sa manifestation bénéficie aux gens qui m'entourent et je sais qu'il n'y a pas de fin logique à l'effet en cascade de mes bonnes œuvres. Comment pourrais-je être autrement qu'enthousiaste en sachant que le Génie Omnipotent et Omniscient est Omniprésent en moi ? Mon enthousiasme est l'esprit activé en moi. Il jaillit de moi, se transformant sans effort en énergie et me donnant la force et la volonté d'agir sans hésitation. Cet esprit en moi me guide vers l'action parfaite et en exécutant l'action parfaite je fortifie mon enthousiasme.

Comment puis-je savoir quelle est l'action parfaite lorsque je suis confronté à un nombre infini de possibilités dans les conversations, au travail, et avec les personnes que j'aime ? Ceci est le grand secret des êtres éveillés. Quel est ce grand secret ?

La *Source* qui est omniprésente en moi est omniprésente en toutes choses.

En ouvrant mon cœur à toutes les choses, même à celles qui paraissent opposées, je transcende les apparences et je vois que *La Source* est omniprésente en tout. Dans l'apparent kaléidoscope des différences du monde, il y a un point dans mon cœur où je fais entièrement l'expérience que tout est connecté et que je suis connecté à tout car l'omniprésence de La Source est en toutes choses et en moi. C'est ici que tout devient un et que je deviens un avec tout. Dans ce domaine où je ne peux pas être divisé, je m'ouvre à l'action parfaite avec mon cœur, pas avec ma tête. Lorsque je libère mon esprit et écoute avec mon cœur je deviens transparent au transcendant et *l'action parfaite me choisit*, m'attire à elle et j'agis sans hésitation, parfaitement dans toutes les situations.

Pendant les 14 prochains jours, je m'assieds en silence pendant 7 minutes après chacune de mes deux lectures quotidiennes de cette Vérité. Je consacre la première minute à penser aux affaires de la journée, aux gens que j'aime et à comment je pourrais améliorer leur vie aujourd'hui. Pendant les 6 minutes suivantes j'écoute avec mon cœur et je laisse l'action parfaite me choisir.

Je promets de m'asseoir en silence, en écoutant avec mon cœur. Je tiens toujours mes promesses.

> Lisez cette Vérité chaque jour matin et soir pendant deux semaines consécutives. A la fin de chaque lecture, rendez-vous au tableau de la page 107 (page 9 du Cahier de Travail en PDF) et exécutez les autres pratiques du jour recommandées ; à la fin de chaque pratique, cochez soigneusement la case correspondante dans le tableau pour marquer le fait que vous l'avez réalisée avec succès.

Chapitre Quatorze

Le Dîner, les Mirages et la Carte

Donc, laissez-moi simplement vous dire que si vous êtes ici sans avoir passé deux semaines avec chaque Vérité, cette tentation est compréhensible. Je comprends, vraiment. La tentation est vraiment excellente dans son travail. J'étais tenté de me précipiter en pavant, de découvrir quelles étaient ces 13 Richesses. L'ennui c'est que tant que nous n'avons pas grandi en caractère, nous ne pouvons simplement pas voir les 13 Richesses. Bon, je suppose que ceci n'est pas très clair. Ce que je veux dire, c'est que nous ne pouvons pas comprendre la valeur de la plupart des 13 Richesses, jusqu'à ce que nous trouvions le vrai trésor...nous-même. Donc je vais encore faire une tentative ici et vous encourager aussi fort que je le peux : si vous n'avez pas suivi les instructions, s'il vous plaît, retournez à la Première Vérité et consacrez quatorze jours à chaque Vérité, exactement comme expliqué.

Le Dîner

Après que Doc m'ait donné les Vérités sous la véranda, je restai quelque temps à Kauai puis je rentrai chez moi. Quatorze semaines plus tard, Doc vint en avion sur le continent. Nous nous rencontrâmes à San Francisco. Exactement comme les porteurs des Vérités avant moi, j'avais droit au rituel de suivi avec celui qui me les avait transmises. Assis dans un Starbuck café en attendant Doc, j'étais rempli de gratitude. Pour dire vrai, j'étais arrivé trente minutes en avance, car j'étais dans l'excitation la plus totale. J'espérais que Doc allait arriver plus tôt également. Ce ne fut pas le cas, mais il arriva à l'heure. Nous nous embrassâmes, il prit un café et dit, « Allons-y » en se dirigeant vers la porte.

« Où allons-nous ? » demandais-je. Il montra une limousine, et nous grimpâmes dedans. « Chic et dernier cri » dis-je.

« Hé, nous sommes riches, pas vrai ? » répondit Doc. Je m'arrêtai net dans mon élan. C'était la première fois dans ma vie, ma nouvelle vie, que je devins vraiment conscient que j'avais trouvé le trésor sans prix. Je m'étais trouvé moi-même, le « moi » que j'avais toujours voulu être. Il s'arrêta, se tourna vers moi, et revint sur ses pas. Tu viens juste d'avoir un petit choc émotionnel, pas vrai ? » demanda-t-il en plaçant sa main sur mon épaule. J'acquiesçai, tendu.

Doc dit, « Eh bien, tout ce que tu as à faire pour le garder..., » et je l'interrompis en terminant sa phrase, « ...c'est de continuer à le donner. » Une autre embrassade chaleureuse. Une longue.

Nous sautâmes dans la limousine, et à ma question sur où nous allions, Doc répondit, « La tradition veut que le passeur des Vérités emmène le nouveau lecteur à un bon dîner et partage deux ou trois histoires à propos de quelques personnes par les mains desquelles ont pu passer ces Vérités. Légende, réalité, qui sait. Donc nous allons manger dans un endroit spécial que j'ai choisi. Je me suis dit que tu avais quelques questions sur la manière dont Toni et Peter me les ont transmises. »

Au moment où nous franchissions le pont de Oakland Bay, je décidai de simplement laisser aller les choses. Je dis à Doc que je pensais qu'il allait me dire ce qu'il voulait partager et ce que j'avais besoin de savoir quand il serait prêt. Bien sûr, je m'imaginai qu'il allait s'ouvrir tout de suite. Ce ne fut pas le cas. Il semblait plus intéressé par mon opinion sur le baseball et le personnel encadrant les « lanceurs » des Red Sox que de parler des Vérités. Je me rappelle avoir pensé que cela aurait pu être tellement bien s'il avait été aussi bavard sur les Vérités que sur le baseball. Ainsi, nous parlâmes baseball, jusqu'à ce que je découvre que nous entrions dans le zoo d'Oakland.

Il devint très silencieux lorsque la limousine nous déposa à l'entrée. Doc paya nos places pour le zoo et accéléra le pas. Il avançait avec confiance, sans regarder sur la carte que nous avions reçue à l'entrée. Doc ne regardait aucun des panneaux de direction non plus. Il savait où il allait, et un instant plus tard, je savais ce que nous allions voir. Le pas s'accéléra encore plus lorsque nous arrivâmes dans une pente.

« La voilà ! Je te présente Joey », il criait comme un enfant. Ses deux bras pointaient vers une girafe. Il était presque en train de courir.

« Joey ? » demandais-je.

« Ouais, Joey » répondit-il. « Elle est à moi, en quelque sorte. Je l'ai adoptée il y a quelques années. »

« Adoptée ? »

« Ouais, tu connais. Une promesse mensuelle pour soutenir le zoo, et ils te laissent en choisir une » expliqua-t-il, sortant un billet de vingt dollars de son portefeuille. « Pourquoi tu ne nous prendrais pas deux ou trois hot dogs. Rien que de la moutarde pour moi. Et de l'eau aussi. S'il te plaît. »

« Et ceci est le grand, beau dîner cérémonial ? » Je pensai qu'il pouvait supporter une petite taquinerie.

Doc rit en se tournant vers moi et dit, « Qu'est-ce qui pourrait être plus sympathique que cela ? »

Je pris deux hot dogs pour chacun et nous nous assîmes sur un banc en face de Joey et de toutes les autres girafes. Nous ne parlions pas, nous finissions simplement notre dîner. Doc avait raison ; cela ne pouvait pas être plus parfait. Finalement, il se tourna vers moi et me raconta son dîner des quatorze semaines avec Toni et Peter, du mieux qu'il pu se rappeler après ces longues années...

« Donc je retourne à ce point de rendez-vous Italien, le même endroit où Toni, Peter et moi nous étions rencontrés quatorze semaines plus tôt. J'étais assez satisfait d'avoir tenu les promesses de Vérité en Vérité. Ils savaient que je savais que je me sentais déjà riche, connecté à toutes les choses. J'avais probablement la même apparence que celle que j'ai vue sur ton visage au Starbuck. Tu saisis ? » Il n'attendit pas la réponse.

Doc poursuivit en me racontant que Peter et Toni avaient échangé un sourire entendu lorsqu'il leur avait dit qu'il se sentait déjà riche. Je savais ce qu'il voulait dire, et je me retrouvai à acquiescer de la tête pendant qu'il me confiait cette partie de la conversation et leur réaction. « Ensuite, je leur ai demandé s'ils avaient quelques idées qu'ils pourraient partager avec moi à propos de la Carte. »

« Et l'ont-ils fait ? » demandais-je.

« D'une certaine manière. » Doc fit une pause pour réfléchir. « Ouais, je dirais qu'ils l'ont fait, quand j'y repense. C'est amusant, en y repensant, c'est comme si je savais ce qu'ils allaient me dire. »

« Dis-les-nous simplement une à la fois. » C'est ce qu'ils t'ont dit ? demandais-je.

« Bien sûr, ils m'ont dit cela, mais ensuite, Toni parla pendant deux minutes de la Loi de la Croissance » dit Doc. « C'était en fait assez amusant, disons, peut-être pas « amusant-amusant » au sens « ha, ha ! » Juste curieux, j'imagine, mais j'ai trouvé cela amusant. »

« Et c'était... » interpellais-je.

« Eh bien, pour autant que je me rappelle, cela s'est passé comme ceci : Toni m'a parlé de la Loi de la Croissance, à propos de comment les Richesses de La Carte se manifestent par cette grande loi de l'esprit. Ensuite, elle me dit quelque chose de vraiment important. Elle me dit de ne pas utiliser les richesses pour essayer de résoudre quelque chose. Tel que, ne pense pas à perdre du poids pour être en bonne santé, pense simplement à la bonne santé. Pas à guérir, car, d'après elle, cela revient simplement à traîner le problème avec toi. Ensuite, elle et Peter se sont mis à rire. »

« Pourquoi ? » demandais-je

« C'est exactement ce que je leur ai demandé » dit Doc.

« Et qu'ont-ils dit ? » A ce stade, j'étais vraiment curieux. Jusqu'à ce moment, Doc m'avait parlé tout en regardant les girafes. Maintenant, il me regardait droit dans les yeux, comme il l'avait fait la première fois que je l'avais rencontré à Kauai. Je suis sûr que c'est le regard, plus que les mots, qui m'avait rendu si curieux...c'était vraiment la première fois depuis que nous étions assis sur le banc qu'il se détournait complètement des girafes.

« Eh bien, il se trouve que ce gars, Rousseau, qui a vécu en France dans les années 1700, possédait les Vérités. Il les avait eues depuis assez longtemps – c'était un grand homme, un acteur important de l'Age des Lumières. »

« Je ne suis pas au courant de cela » admis-je.

« Les Lumières ont réellement été la naissance des droits de l'homme à une grande échelle. Rousseau disait qu'affirmer que le fils d'un esclave est un esclave est nier le fait qu'il soit un homme, ce qui n'était pas populaire parmi les riches. Il écrivit un document assez incroyable, « Le Contrat Social. » Une de ses parties importantes disait que personne ne devrait être assez riche pour pouvoir acheter quelqu'un d'autre, et personne ne devrait être tellement pauvre pour en arriver à se vendre soi-même. C'était un grand document, conçu élégamment à partir des Vérités et des 13 Richesses. Ceci va sembler familier, il écrivit « la liberté peut être gagnée, mais jamais retrouvée » ...vraiment excellent. Tu devrais y jeter un coup d'œil un de ces jours ; c'est à couper le souffle. »

Mon visage devait afficher un air perplexe, car Doc éclata de rire. Il dit, « Je ne me moque pas de toi, Mark. Je pense que je devais avoir la même expression sur le visage. Je me rappelle que je me demandais pourquoi il parlait de ce gars en France dans les années 1700, au lieu de la Carte. » Il posa la main sur mon visage et sourit.

« Quoi qu'il en soit, » poursuivit Doc après avoir repris son sérieux, « cet américain appelé Ben tomba amoureux du mouvement des Lumières et rencontra Rousseau. Ils devinrent amis en discutant jusqu'aux petites heures du matin. Rousseau passa les Vérités à Ben, et Ben revint aux Etats-Unis. »

Maintenant, Doc avait réellement excité ma curiosité. Est-ce qu'il parlait de Ben Franklin ?

« Donc, Ben se plonge dans les Vérités et commence à faire de grandes choses, mais pense que les 13 Richesses devraient être inversées. »

« Je ne comprends pas ce que tu veux dire » dis-je.

« Ben était un tantinet corpulent, comme le raconte l'histoire. Au lieu de se concentrer uniquement sur la bonne santé, il choisit une qualité qui devait être acquise correctement pour pouvoir éliminer quelques kilos, la tempérance. Ainsi Ben utilisa le mot tempérance, au lieu de bonne santé » expliqua Doc. « Ensuite il inventa ce qui fut la première feuille de calcul. Vraiment malin. Il traça sept colonnes, une par jour de la semaine. Ensuite, il traça treize rangs, un pour chacune des 13 richesses. L'idée de Ben était que chaque fois que tu ratais, tu traçais un trait noir à côté du mot. L'idée était de travailler jusqu'à ce qu'il n'y ait plus de traits noirs. »

Je demandai donc l'évidence, « Comment les richesses arrivent à toi ? »

Doc répondit, « Tu le sais déjà, pas vrai ? » j'acquiesçai et commençai à dire quelque chose, mais il répondit à sa propre question, « La Loi de la Croissance. Concentre-toi uniquement sur ce dont tu t'occupes pendant la semaine, pas sur ce que tu ne veux pas. Tu révèles simplement chacune des 13 Richesses avec la Loi de la Croissance, plus tu la remarques, tu te concentres sur elle, plus elle apparaît...tu le sais, oui ? » dit Doc en hochant la tête doucement de haut en bas et de bas en haut.

« Oui, je comprends. La concentration sur une seule pensée, comme la métaphore de la loupe. » dis-je.

« Tu vois ce que je veux dire maintenant à propos de l'inversion de Franklin ? »

« Ce à quoi tu penses grandit. Donc, penser à quelque chose que tu ne veux pas est réellement la même chose que de penser à cette chose » dis-je, pour montrer que j'avais compris.

« Oui. Tu t'occupes d'un trésor à la fois, exactement comme pour les Vérités. Maintenant que tu as quatorze semaines d'utilisation de la Loi de la Croissance derrière toi, les Richesses peuvent sortir de toi et se manifester en une semaine. Et elles continueront simplement à grandir, si tu continues à entretenir la pensée » promit Doc.

« Donc, qu'arriva-t-il à Ben ? » demandais-je, même si ce n'était pas la question que je voulais poser. Etait-ce Ben Franklin ? Aujourd'hui, je ne sais pas pourquoi je n'ai pas demandé cela directement.

« Il est resté joufflu, ne maîtrisa jamais vraiment la tempérance. Une mauvaise approche – l'ego je suppose – mais il a eu des tonnes de réussites, fut excellent, fit de grandes choses. Une grande imagination, têtu aussi, d'après ce qu'on m'a dit. Comme je le disais, il avait un sacré ego, il s'appropria le crédit d'une chose accidentelle qui changea le monde. »

« Qu'est-ce que c'était ? »

« Eh bien, d'après l'histoire qu'on raconte, il était dans une brasserie locale un soir, en train de descendre quelques bières. Tout sauf la tempérance ce soir-là. Il rentra à la maison, imbibé – il pleuvait des cordes – et décida qu'il allait être romantique avec sa femme. Il commença à l'embrasser dans le cou, et elle lui dit « d'aller se faire cuire un œuf », et lui cria au moment où il sortait, « et n'oublie pas tes clefs. » Donc il attacha ses clefs à une ficelle...et c'est ainsi que Franklin découvrit l'électricité. Si sa femme avait dit oui, nous serions toujours assis dans le noir. » A ce point, Doc ne parvint plus à rester sérieux, cédant lui-même à sa mauvaise blague.

Je lui fis ma meilleure « grimace de mauvaise blague. » Doc dit, « ainsi, la légende se poursuit comme ceci : Benjamin Franklin donne les Vérités et la Carte à Wordsworth, qui les passe à un gars qui s'appelle Ralph. Wordsworth dit à Ralph, quand ils se rencontrent pour le dîner des 14 semaines, que la feuille de calcul dessinée à la main était l'idée de Franklin. »

« Et est-ce qu'il a aussi payé à Ralph une paire de 'hot dogs' ? » plaisantai-je.

« Je ne me rappelle d'aucune Vérité qui parle de faire le petit malin, » rétorqua Doc. Nous avons ri tous les deux comme deux gamins. Doc poursuivit, « Franklin a tout de même transmis une version claire...en quelque sorte. Je suppose qu'il a fait quelques petits changements. Ralph devint fou et continua à rencontrer Wordsworth, et à faire de son mieux pour essayer de retrouver ce que Franklin avait ajouté, changé, et tout le reste. Il étudia Rousseau et ramena les choses à ce qu'il croyait être la version originale. »

« Est-ce que je connais ce Ralph ? Qui était-il ? » j'étais assis sur le bord du banc, ayant arrêté d'hésiter.

« Emerson, Ralph Waldo Emerson, » dit Doc nonchalamment. « As-tu déjà lu son essai, la Loi de la Compensation ? La plupart des critiques ont tendance à penser que c'est le plus grand des essais jamais écrit. Il serait difficile de le lire sans faire le lien avec la Première Vérité pour ceux qui la connaissent. »

« Donc laisse-moi clarifier tout cela, Doc. Le pilier du Mouvement des Lumières, il les a passées à Ben Franklin, et ensuite c'est passé de Wordsworth à Emerson ? Voilà une histoire de matière grise, de belles personnes. »

« Oui, je sais. Et les femmes par qui elles sont passées sont encore plus impressionnantes, Mark. Un incroyable groupe d'excellence. »

Bien sûr, je demandai qui étaient quelques-unes d'entre elles. Doc tourna son regard vers les girafes pendant un court instant. « Est-ce important ? Je veux dire, réfléchis, est-ce vraiment important ? »

Nous fixâmes tous les deux notre attention sur les girafes pendant un certain temps. « Non » dis-je, « ce n'est pas vraiment important. »

« Et pourquoi pas ? » questionna Doc en souriant.

« La manière dont je le vois, Vivre Dans la Grandeur concerne la croissance du caractère, l'illumination de notre intention initiale. Je ne pense pas que les gens vraiment illuminés se sentent réellement meilleurs ou moins bien que n'importe qui. Ce n'est pas vraiment important de savoir qui a eu les Vérités. Les succès des autres ou qui les a eues ne rend pas la vérité que j'ai découverte plus vraie ou moins vraie, » dis-je. « J'ai entendu suffisamment d'histoires de réussite au cours de ma vie ; il est temps de créer la mienne. »

« Continue comme cela, mon gars, » m'encouragea-t-il.

« Ce que je sais, c'est que la personne qui va changer ma vie, c'est moi. » Je ne l'avais pas dit avant, mais voilà, et je ressentais que c'était juste. En fait, dès que je l'ai entendu, je savais que c'était juste.

Doc se leva et me fit signe d'un léger geste de la main de me lever aussi. Il me serra dans ses bras. Très fort. Pendant un long moment. « Eh bien, ceci c'est la légende, et il y a eu un tas d'histoires à propos de la transmission des Vérités. Le meilleur ami d'Emerson était Thoreau. J'ai lu tous ces gars, et soit ils ont tous compris ce que toi et moi avons découvert – la force primordiale d'être – soit la légende est bien-fondée. Dans un cas comme dans l'autre, cela n'a pas d'importance...car en vérité tu as trouvé le trésor, Mark. »

« Ainsi tu as lu tous ces types ? » demandais-je.

Doc acquiesça. « Y a-t-il quelque chose que tu aimerais savoir à propos de la Carte des 13 Richesses ? »

Les Mirages

« Oui, en fait, je voudrais savoir quelque chose, » répondis-je, pendant que Doc gardait un œil attentif sur Joey. « Qu'est-ce que tu as demandé à Toni et Peter à ce propos – que voulais-tu savoir ? »

« Je voulais en savoir plus sur l'acquisition sans effort des richesses et la métaphore du mirage » dit-il sans hésiter.

Je dis à Doc que je ne savais pas vraiment ce qu'ils avaient partagé avec lui, quelle expérience il avait eu.

« Notre vocation est de grandir, comme toutes choses dans la nature. Cela devient sans effort, finalement, mais pour moi ce n'était pas sans effort au début. Ce que j'ai compris, ou je devrais plutôt dire, ce qui s'est en fin de compte imprégné en moi, c'est que l'infinie richesse dans les choses qui comptent vraiment ne se trouve que dans ce qui est fini. C'est ce qui a été la partie difficile pour moi, devenir fini. » Doc me dit que tout était une question de concentration. « La Loi de la Croissance va apporter de la richesse en proportion exacte avec la concentration. »

Naviguer avec la Carte, pour lui, était difficile au début. « J'avais toujours quelques poubelles dans ma tête. Tu vois, lorsque des gens moyens comme moi reçoivent les Vérités, ils pensent toujours à des choses, à obtenir des choses, tu vois ? Gros revenus, grande maison, et tout cela...la plupart des gens ont une idée plutôt déformée de la richesse. Cela a été mon cas aussi. Nous avons été conditionnés à croire que les objets et les possessions sont des indicateurs de pouvoir. Nous pensons que la réussite matérielle est la chose la plus importante, et que les possessions nous donnent du pouvoir. Mais pour la plupart d'entre nous, ce sont réellement des symboles du pouvoir. » Il fit une pause, en secouant la tête. « Quelles foutaises. Ce sont juste des mirages. »

« Ce mot m'a interpellé aussi lorsque je l'ai lu, Doc. »

« Il n'y a rien de mal à posséder des choses, ce qui ne va pas c'est notre perception de ce que cela veut dire. L'idée qu'elles nous donnent du pouvoir ou de la sécurité, est stupide. C'est un mirage. Elles ne te rendront pas heureux, et elles ne te donneront pas de pouvoir, » dit Doc, devenant de plus en plus excité. « Prendre le contrôle de tes pensées, là est la richesse. Une fois que tu as cela, ces symboles deviennent une confirmation de notre pouvoir, pas le pouvoir lui-même. »

La Carte

« Lâcher prise sur certaines valeurs a été la partie difficile, » se rappela Doc. « Une fois que j'ai pu enfin lâcher prise, après trois ou quatre semaines d'utilisation de la Carte, c'est devenu sans effort. Mais jusque-là, je me battais un peu...les vieilles valeurs s'en vont difficilement » il sourit. « Je voyais l'évidence, le vrai message des Vérités est entré, et j'ai compris. »

« Tu avais compris quoi ? » demandais-je.

« La concentration, la Loi de la Croissance. Les Vérités ont mis en place cet excellent environnement dans mon esprit et, semaine après semaine, la chose sur laquelle je m'étais concentré, la chose sur laquelle la Carte m'avait concentré, commença à se montrer de plus en plus. » Il regarda les girafes pendant un moment, ensuite il se retourna et dit, « Peter et Toni m'ont simplement dit de suivre les instructions de la Carte, de faire ma propre expérience, et d'y prendre du plaisir. » Doc passa son bras autour de mon cou en disant, « Vis ta propre expérience, pas la mienne ou la leur. Vivre indirectement à travers les autres – les stars de cinéma, les sportifs, et ainsi de suite – nous prive de vivre la vie. Et je suis sûr que si tu devais vivre indirectement à travers quelqu'un, ce ne serait pas moi. »

« Je comprends. Et ensuite ? »

« Eh bien, tu verras. Ou bien parles-tu de toi et moi, Mark ? »

« De toi et moi, Doc. »

« C'est amusant...je regardais le programme des Red Sox, et ils jouent à Seattle dans treize semaines à partir de vendredi prochain. As-tu déjà été à Seattle ? » demanda-t-il.

« Non, jamais. »

« Et si on se rencontrait à Seattle à midi, le vendredi dans treize semaines. J'aurai les tickets pour les matchs de Vendredi et de Dimanche sur moi, » suggéra Doc.

« Tu ne m'achèteras plus de hot dogs ? » demandais-je, avec ma meilleure voix de petit malin. Il adora. « Où veux-tu qu'on se rencontre ? »

Doc baissa le menton, regardant par-dessus ses lunettes de soleil. « Tu es un malin, Mark, et tu peux le trouver tout seul. » Il avait raison ; je savais où je le trouverais à midi dans treize semaines.

« Et nous irons au stade en partant de là, » dit-il. « Je serai curieux d'avoir des nouvelles de ta richesse. » Et sur ce, la conversation à propos des Vérités et de la Carte se termina, à une exception près. « Les cartes sont excellentes si tu suis les instructions, moins si tu te contentes juste d'y jeter un coup d'œil. »

« Quatrième Vérité ? » dis-je. Il fit un clin d'œil.

Et ainsi, nous nous séparâmes pour les treize semaines suivantes.

Vous me demandez si la richesse est arrivée ? Elle a coulé à flot et coule toujours. Pour faire court, après la Carte, j'ai fait ce que j'aimais, j'ai été très bien payé – plus que ce que je n'aurais jamais pu imaginer, et je me suis installé à Kauai. C'est vraiment le paradis pour moi.

Oh, bien sûr, la vie a apporté quelques coups durs, des défis et des surprises, mais quand vous avez eu la Carte, vous savez ce que fait celui qui est vraiment riche…il y a toujours un chemin une fois que vous savez qu'il y a toujours un chemin. De toutes les richesses, la sagesse et la prospérité que la Carte m'a apportées, ma favorite – celle qui me fait plier les genoux tous les jours en poussées de gratitude – est la confiance de savoir qu'il y a toujours un chemin. Même si être riche est une excellente chose, vivre une vie sans peur a été le trésor le plus précieux que la Carte m'ait apporté.

Et vous ? Quelles sont les richesses que vous chérirez le plus ? »

Pourquoi ne pas trouver par vous-même ?

Après tout, vous avez la Carte...

La Carte des 13 Richesses de la Vie

La Bonne Nouvelle. Il y a un dicton qui dit, « Chose bien commencée est à moitié faite. » Celui ou celle, comme vous-même, qui a vécu avec chaque Vérité pendant deux semaines, a fait des promesses et les a tenues, est vraiment quelqu'un qui a bien démarré et est à moitié arrivé. Vous avez reçu les outils dont vous aurez besoin pour exploiter les 13 Richesses.

La Très Bonne Nouvelle. Vous Vivez maintenant Dans la Grandeur au niveau du caractère, et sans aucun doute, comme ceux et celles qui sont passés avant vous, vous avez élevé vos valeurs, ressentant la richesse par de nouveaux chemins que vous n'aviez pas envisagés auparavant.

La Meilleure des Nouvelles. Une carte est tout au plus la description d'un territoire. Pour réussir à se déplacer depuis là où nous sommes maintenant jusqu'où nous voudrions aller, nous devons réussir à naviguer avec succès sur le terrain, pas simplement regarder La Carte. Ce sont les habitudes du chasseur de trésor qui détermineront ses résultats, pas La Carte. La meilleure nouvelle pour vous qui possédez maintenant La carte, c'est que les habitudes mentales nécessaires pour naviguer avec succès, trouver et réclamer les 13 Richesses de la Vie ont été mises en place et maîtrisées ! Toute personne qui a été fidèle aux promesses faites dans chacune des vérités a toujours réussi à réclamer la totalité des 13 Richesses. Pourquoi se contenter de la Carte lorsqu'on peut avoir le territoire ?

Le Secret de La Carte

Il était une fois un marchand égyptien qui voyageait avec ses marchandises loin au cœur de l'Afrique. Il était à plusieurs semaines de sa maison et pensait à ses enfants après une très longue journée de travail. Comme il arrivait en vue d'une auberge où il pourrait manger et dormir, il remarqua quelques jeunes enfants à peu près du même âge que ses propres enfants, en train de jouer au bord de la route. Le marchand remarqua que les enfants jouaient un jeu similaire à celui que ses enfants jouaient avec des billes. Comme il continuait à les regarder jouer, ses yeux furent de plus en plus attirés par les petits cailloux avec lesquels ils jouaient et son cœur se mit à battre la chamade…

Il demanda à rencontrer leur père. Il interrogea le père à propos des cailloux et le père lui dit, « oh, oui, j'en ai plus dans la cabane, » et amena promptement un bol de ces pierres. Le voyageur lui offrit du coton et deux foulards pour les pierres…Le père des enfants rit, en disant, « je vous vole, mais si vous insistez, affaire conclue. »

Cet échange conduisit à la découverte du plus grand champ de Rubis dans le monde.

Le destin du père est réellement le destin de la plupart des êtres humains. Tous les hommes et les femmes ont un trésor fabuleux en leur possession et pourtant, dans la plupart des cas, ils ne le savent simplement pas. Nous ne regardons pas à l'intérieur pour les richesses, qui ont plus de valeur que des pierres précieuses. Le véritable trésor dans cette histoire est la conscience. Le père et les enfants n'avaient pas la conscience pour comprendre la richesse des rubis, alors que le voyageur l'avait. Mais il y a plus à comprendre pour que vous acquerriez facilement les 13 Richesses et que celles-ci continuent à grandir dans votre vie en quantité et en valeur au-delà de votre imagination.

Après que le voyageur eut fait l'échange, il a dû passer à l'action pour extraire les rubis du sol et les transformer en magnifiques bijoux.

Pour avoir une richesse sans mesure, vous devez reproduire ce schéma de réussite. Il y a deux étapes simples.

La première étape est de reconnaître que chacune des richesses se trouve déjà dans votre conscience, est déjà en vous. La deuxième étape, comme notre voyageur, est de commencer à exploiter cette fortune.

Comment exploite-t-on la fortune, les 13 Richesses ?

En utilisant l'irréfutable Loi de la Croissance.

Ce à quoi nous pensons grandit. Vous reconnaîtrez chacune des 13 Richesses et cela signifie qu'elles sont déjà en vous. Nous produisons chacune des 13 Richesses, une à la fois en appliquant la Loi de la Croissance. En avançant dans la journée, nous identifions l'une des 13 Richesses partout, en chacun et dans toute chose. Au fur et à mesure de la semaine, étant donné que vous construisez la conscience pour cette Richesse, vous en profiterez pour vous-même, un peu plus chaque jour. Toute chose que nous identifions tend à se multiplier. Plus vous trouvez l'objet sur lequel vous vous concentrez durant la journée, plus cela va grandir en une expérience débordante. À la fin de chaque semaine, pour chacune des 13 Richesses, vous serez ébahi par l'abondance de chacune.

Vous avez commencé à être un maître de la Loi de la Croissance pendant les 14 dernières semaines écoulées et tout ce que vous avez à faire maintenant est de suivre la Carte, un jour à la fois, comme vous avez suivi les Vérités. Lisez, promettez et exécutez…et pour accélérer votre richesse, continuez à la partager comme la personne donnant avec gratitude que vous êtes devenue.

La Première des 13 Richesses

Une Attitude Mentale Positive

Vous avez déjà un merveilleux début avec l'attitude mentale positive. Faites ressortir ce trésor en suivant les instructions de la carte pour les sept prochains jours. Toutes les autres richesses de la carte sont faciles à trouver et peuvent être réclamées sans effort par les personnes qui ont une attitude mentale positive.

Une attitude mentale positive est la première des 13 Richesses. La Loi de l'Environnement, énoncée simplement, dit que les choses de même nature doivent se retrouver et fleurir ensemble rapidement. Une attitude mentale positive met en place le meilleur environnement pour faire croître les richesses. La réussite entraîne des exigences. La Loi de la Croissance et la Loi de l'Environnement sont les petites charnières qui ouvrent les grandes portes de la prospérité dans tous les domaines de la vie.

Lorsque nous avons une attitude mentale positive, l'environnement au sein de notre esprit, les bonnes choses, les richesses, grandissent plus vite. Nous ne pouvons pas être positif vingt ou trente minutes par jour pendant nos lectures et le temps que nous prenons pour réfléchir, et ensuite être négatif pour le restant de la journée et nous attendre à nous retrouver dans le positif pour voir des richesses grandir. Ce à quoi nous pensons grandit et cela demande beaucoup moins d'effort de faire croître des richesses qui se trouvent dans un environnement positif. Les 12 autres Richesses vont rapidement fleurir et se multiplier pour ceux et celles qui ont un environnement mental positif. Un environnement mental positif est un sous-produit d'une attitude mentale positive qui a été identifiée, affinée et maîtrisée.

Pendant sept jours consécutifs, relisez cette Richesse chaque matin. Dès votre lecture terminée, rendez-vous au tableau de la page 109 (page 11 du Cahier de Travail PDF) et exécutez les pratiques recommandées ; à la fin de chaque pratique, cochez soigneusement la case correspondante dans le tableau pour marquer le fait que vous l'avez réalisée avec succès.

La Deuxième des 13 Richesses

Une Excellente Santé Physique

Pour Vivre plus Dans la Grandeur, pour retirer plus de nos relations, de notre potentiel et de notre travail, nous devons nous assurer que le corps soit en excellente santé physique. Avoir une excellente santé physique aujourd'hui et être en gratitude pour cela est impératif pour posséder la richesse dans tous les domaines de votre vie. Les meilleurs navigateurs de la Carte avaient la forme physique et étaient capables de trouver l'endroit où encore plus de richesse était disponible. Où est cet endroit ? Le kilomètre en plus. Alors que la plupart des gens ne font pas attention à leur santé jusqu'à ce qu'elle soit amoindrie, les Maîtres des Vérités vivent chaque jour dans un état de gratitude pour leur santé.

Pendant sept jours consécutifs, relisez cette Richesse chaque matin. Dès votre lecture terminée, rendez-vous au tableau de la page 110 (page 12 du Cahier de Travail PDF) et exécutez les pratiques recommandées ; à la fin de chaque pratique, cochez soigneusement la case correspondante dans le tableau pour marquer le fait que vous l'avez réalisée avec succès.

La Troisième des 13 Richesses

Un Esprit Ouvert

Vous avez démarré avec une énorme avance dans l'ouverture d'esprit grâce à votre initiation et à votre pratique du détachement. C'est l'attachement au passé qui ferme notre esprit. Une partie de notre passé est constitué du sentiment de soi, de nos croyances. Nous devons rester ouvert à tout et attaché à rien si nous voulons pénétrer de nouveaux mondes, découvrir de nouvelles idées, mettre à jour des méthodes meilleures et plus rapides pour manifester notre destinée et nous ouvrir à la possibilité que notre destinée est plus forte et plus grande que ce qu'on avait cru au départ.

Cela veut dire que de temps en temps, pour accepter un meilleur chemin, nous devons abandonner un système de croyance. Pour un œil non entraîné, une graine paraît arrivée à un stade de destruction lorsqu'elle perd son écorce, que tout ce qui est à l'intérieur ressort et qu'elle se transforme complètement. C'est pourtant cette apparente destruction qui apporte la nouvelle vie, la croissance et le rêve...Une graine tenue dans la main n'a aucune valeur car elle ne peut pas devenir ce à quoi elle était destinée. Ce n'est que lorsqu'elle est mise dans le sol et qu'elle détruit son écorce que le miracle de la croissance infinie se produit. Car lorsque la plante grandit, elle amène avec elle plus de graines qui créeront encore plus de plantes lorsqu'elles seront semées. A leur tour, ces nouvelles plantes amèneront encore plus de graines qui produiront des champs entiers et finalement des hectares de plantes...et ce processus ne connaît pas de fin.

Voyez le sol comme un monde d'infinies possibilités et l'écorce comme de l'attachement. Votre volonté de garder l'esprit ouvert est comme la main qui plante la graine dans le sol. Et comme pour cette graine, vous découvrirez qu'il n'y a pas de fin à la croissance de ceux et celles qui gardent l'esprit ouvert.

Pendant sept jours consécutifs, relisez cette Richesse chaque matin. Dès votre lecture terminée, rendez-vous au tableau de la page 111 (page 13 du Cahier de Travail PDF) et exécutez les pratiques recommandées ; à la fin de chaque pratique, cochez soigneusement la case correspondante dans le tableau pour marquer le fait que vous l'avez réalisée avec succès.

La Quatrième des 13 Richesses

La Capacité à Diriger la Foi

La foi est essentielle pour manifester votre intention. Les grands navigateurs de la Carte des 13 Richesses de la Vie ont en commun une perspicacité remarquable qui construit la richesse au-delà de toute imagination et devient vraiment étonnante. Alors que la plupart des gens considèrent la foi comme une force mystique, très peu ont découvert ce qu'elle est réellement et comment l'utiliser. Et compte tenu des milliers de définitions déjà écrites et des milliers d'autres sans aucun doute encore à écrire, prenez grand soin d'assimiler cette simple vérité. Chacun et chacune, ce qui veut dire tout le monde, possède une foi égale. La question n'est donc pas « d'avoir la foi », mais simplement de la « diriger » en direction des choses que vous désirez manifester. C'est ce qui est connu par les riches comme la notion de foi égale.

Horatio regarde Desdémone et dit à son ami Julius, « Desdémone possède une grande foi, et j'aurais souhaité avoir autant de foi qu'elle. » Horatio possède exactement la même quantité de foi que Desdémone ; il a simplement dirigé sa foi, ce qu'il croit effectivement, sur la pensée qu'il possède moins de foi que Desdémone. Il a placé sa foi dans le doute et croit en celui-ci avec exactement autant de foi que la quantité de foi qu'il perçoit chez Desdémone. En l'essence, la foi est croyance. Etant donné que nos croyances sont les produits dérivés des pensées chargées d'émotion, et que nous avons le contrôle de nos pensées, nous avons le total contrôle de notre foi.

Célébrez la vérité ! Votre créateur n'a pas décidé de ne donner à Horatio que 50% de la foi qu'il a donnée à Desdémone ou à vous. On vous a donné le contrôle sur une chose : la pensée. Puisque la foi est un produit dérivé de nos pensées et que vous avez la capacité de contrôler vos pensées, vous avez aussi la capacité de diriger votre foi. Vous n'avez plus jamais à combattre le doute et cela vous rend riche de tout ce que vous créez en pensée et la foi doit se manifester à condition que ce soit bon pour vous, que cela contribue au bien d'autrui et que cela soit en harmonie avec la Source.

Pendant sept jours consécutifs, relisez cette Richesse chaque matin. Dès votre lecture terminée, rendez-vous au tableau de la page 112 (page 14 du Cahier de Travail PDF) et exécutez les pratiques recommandées ; à la fin de chaque pratique, cochez soigneusement la case correspondante dans le tableau pour marquer le fait que vous l'avez réalisée avec succès.

La Cinquième des 13 Richesses

La Liberté

La liberté c'est vivre sans peur. D'où vient la peur et quelle est-elle réellement ? Lorsque nous sommes nouveau-nés, nous n'avons que deux peurs ; la peur du bruit et la peur de tomber. Toutes les autres peurs sont apprises. Au fur et à mesure de la vie, des choses se produisent. Ces choses n'ont pas de signification particulière en elles-mêmes et par elles-mêmes. Nous construisons une histoire à propos de ces choses, et les histoires que nous construisons fixent nos limites et nos possibilités. Une autre manière d'exprimer ceci est « perception. » Ainsi, la peur est une erreur dans l'histoire que nous avons fabriquée, dans nos perceptions.

D'où viennent ces fondations qui altèrent nos perceptions au point que nous ressentions de la peur vis-à-vis des conséquences d'une chose qui ne s'est pas produite ? Etant donné qu'aucune peur ne possède de la vitalité, elle ne peut pas survivre à moins que nous ne lui donnions du pouvoir par la pensée en restant loyal à l'histoire que nous avons construite. Comprendre d'où viennent ces fondations est essentiel pour éliminer la peur. Ce sont tous des comportements appris, basés sur les opinions et les perceptions d'autres personnes.

Puisque nous sommes tribaux par nature, en voulant appartenir à la tribu nous recherchons inconsciemment l'approbation de la tribu. Tout à la base de nos peurs se trouve la conformité pour obtenir l'approbation et éviter le ridicule et le rejet. La conformité est ce qui emprisonne la liberté et devient l'inhibiteur de la croissance. Imaginez votre vie sans la peur, combien de choses en plus vous expérimenteriez ? Il n'y a pas de prix trop élevé à payer pour la liberté de vous appartenir et de vous sentir bien dans votre peau. Vivre une vie où la gêne est absente est, en un mot, hors de prix.

Et quel est ce prix ? Le respect envers tout le monde et la loyauté envers la personne que vous êtes destinée à devenir. Ceux qui ont réclamé les richesses de la liberté ont simplement lâché prise sur ce qui n'était plus nécessaire et ont fait appel au courage d'être leur soi authentique et ils se sentent bien dans leur peau. Expérimenter la liberté, c'est se connaître soi-même et être soi-même. Qu'ont fait les grands de ce monde ? Ils savaient, comme vous, que si leur intention était en harmonie avec la Source, la seule approbation dont ils avaient besoin était la leur.

Pendant sept jours consécutifs, relisez cette Richesse chaque matin. Dès votre lecture terminée, rendez-vous au tableau de la page 113 (page 15 du Cahier de Travail PDF) et exécutez les pratiques recommandées ; à la fin de chaque pratique, cochez soigneusement la case correspondante dans le tableau pour marquer le fait que vous l'avez réalisée avec succès.

La Sixième des 13 Richesses

Un Travail d'Amour

Il y a un vieux dicton qui dit, « La foi fait soulever des montagnes, mais vous devez emmener une pelle. » Bien que maintenir votre intention est crucial, tout comme diriger votre foi constamment vers le résultat désiré est essentiel, c'est l'action qui manifeste votre objectif. Nous devons fournir l'énergie aux tâches qui nous attendent lorsqu'elles se présentent à nous.

Vous vous êtes déjà conditionnés à passer à l'action sans hésiter avec la Quatrième Vérité, mais les vraies richesses dans la réalisation de votre intention se trouvent dans l'amour du travail et dans l'amour de la motivation que vous maintenez pour votre intention. Le chemin vers l'achèvement de votre intention est plus grand que les sentiments que vous éprouvez lorsque celui-ci est atteint.. La personne vraiment riche voit chaque étape, chaque tâche comme un travail d'amour. Expérimenter la joie en affrontant des défis, apprendre des leçons au travers de ses erreurs, voir ses échecs comme des étapes vers la victoire, et courir vers les obstacles avec plaisir, tout cela fait partie du profil des gens prospères ; ils voient toutes ces choses comme du travail d'amour.

Ils aiment la raison pour laquelle ils font ce qui doit être fait. Ils détiennent et aiment leur vraie raison pour l'espoir de l'accomplissement. Ils adorent savoir que la réalisation de leur intention touchera ceux et celles qu'ils aiment. Et ce travail d'amour est de la passion pure. Ils tirent une immense satisfaction d'avoir terminé leur travail de la journée car ils font du mieux qu'ils peuvent, se donnant à fond et avec joie dans chaque tâche.

Il était une fois un politicien renommé qui rendait visite aux travailleurs qui construisaient un bâtiment énorme qui allait prendre au moins deux générations de travailleurs pour être construit. Ils taillaient des énormes blocs de granit et la journée était très chaude et humide. Le politicien voyait les efforts, la transpiration et la douleur sur le visage des travailleurs. Il demanda à l'un d'eux, « Que fais-tu ? » Et l'homme répondit, « Je taille des pierres. » Il posa la même question à au moins 10 travailleurs et il obtint la même réponse. Il vit alors un autre homme, taillant une pierre et travaillant plus dur que tous les autres travailleurs. Cet homme souriait et fredonnait. « Que fais-tu ? » L'homme répondit avec un grand sourire, « Je construis une cathédrale ! »

Pendant sept jours consécutifs, relisez cette Richesse chaque matin. Dès votre lecture terminée, rendez-vous au tableau de la page 114 (page 16 du Cahier de Travail PDF) et exécutez les pratiques recommandées ; à la fin de chaque pratique, cochez soigneusement la case correspondante dans le tableau pour marquer le fait que vous l'avez réalisée avec succès.

La Septième des 13 Richesses

L'Harmonie Dans Toutes Les Relations

Peut-on avoir plus grande richesse que la richesse contenue dans l'amitié ? Y a-t-il quoi que ce soit de plus gratifiant qu'une relation intime avec un ami ? Et y-a-t-il quelque chose qui puisse égaler la richesse d'une relation vraie avec nos enfants ?

Pour avoir un grand nombre de telles relations de valeur qui nous enrichissent au plus haut point, nous devons devenir un excellent ami. Pour être un excellent ami, nous faisons preuve d'harmonie dans toutes les relations. Les personnes vraiment riches aiment et respectent tout le monde. Etre en harmonie avec quelqu'un qu'on aime lors d'un jour merveilleux n'est pas la preuve de notre capacité à être un excellent ami. Donner de l'amour inconditionnel lorsque des obstacles surgissent est le vrai indicateur de notre volonté d'être un excellent ami.

Et qu'en est-il des gens qui voient les choses très différemment ? Nous devons accepter et célébrer ces différences, apporter de la paix et de l'harmonie avec notre cœur lorsque notre tête veut attaquer, diminuer ou juger. L'acceptation est la servante de l'harmonie. Ceux qui transforment la Carte en richesse savent que s'ils acceptent tout le monde et donnent de l'amour dans leur esprit à tout le monde, ils multiplieront par dix leur capacité à être un excellent ami. En nous améliorant nous-mêmes, tout s'améliore. Vos bonnes relations deviennent meilleures et vos meilleures relations deviennent sublimes. Et vous êtes envahis de gratitude pour les grâces richement garnies dont les gens qui font partie de votre vie vous innondent.

Comment les grands de ce monde ont-ils fait pour atteindre de grandes richesses ? Ils ne jugent personne et perçoivent la Source de Tous les Bienfaits en chacun et chacune. La clé du coffre au trésor de l'harmonie dans toutes les relations est de remplacer le jugement par l'amour. Lorsque nous célébrons les différences en apportant de l'harmonie à tous les gens que nous rencontrons, les autres se sentent en sécurité, respectés et chéris.

Pendant sept jours consécutifs, relisez cette Richesse chaque matin. Dès votre lecture terminée, rendez-vous au tableau de la page 115 (page 17 du Cahier de Travail PDF) et exécutez les pratiques recommandées ; à la fin de chaque pratique, cochez soigneusement la case correspondante dans le tableau pour marquer le fait que vous l'avez réalisée avec succès.

La Huitième des 13 Richesses

Faire Croître Ma Richesse Avec l'Autodiscipline

Le comportement central d'un succès sans pareil est l'autodiscipline. Avec notre santé, nos affaires et nos relations, l'autodiscipline règne en maître dans la détermination du succès ou de l'échec.

Vous avez déjà commencé à mettre ceci en place avec la Cinquième Vérité, Faire les Choses Principales en Premier. Est-ce une « liste de course » ou est-ce une habitude ? Cela dépend entièrement du fait que vous utilisiez votre volonté, votre autodiscipline, et non la liste. Allez-vous choisir et exécuter les tâches comme si vous étiez la personne que vous avez l'intention de devenir, ou bien allez-vous opter pour les distractions et faire les folles promesses de doubler vos efforts demain ? Le monde est rempli de tentations et l'autodiscipline est la seule manière de maintenir le focus de la loupe sur les tâches qui vont manifester votre intention et faire croître votre richesse.

La tentation est excellente dans son rôle. Votre chemin vers les 13 Richesses et votre intention est une course directe, en descente. La tentation ne peut pas se trouver sur votre chemin ; vous devez sortir de votre chemin pour succomber à la tentation. Reconnaissons à nouveau que la tentation est bonne dans son rôle, très bonne. Donc, comment l'évitons-nous et restons-nous sur le chemin de l'intention et de la richesse ? L'autodiscipline.

Pour développer la richesse de l'autodiscipline, les grands de ce monde ont découvert que le facteur fondamental était le savoir-faire de la gratification retardée. Il peut être tentant de manger trop, de jouer avant que le travail ne soit fait, de faire l'impasse sur notre routine d'exercices...tentant de faire les choses plus confortables et plus faciles au lieu des tâches qui sont devant nous, car on ressent qu'il y aura de la gratification immédiate à faire cela. Les gens riches font une pause, se représentent leur intention face à la gratification immédiate, inspirent lentement et réalisent en cet instant qu'ils ont un choix à faire. Ils peuvent céder à la tentation et aller vers la gratification immédiate, ou ils peuvent retarder la gratification. En imaginant et se représentant comment ils se sentiront lorsqu'ils obtiendront la richesse et qu'ils réaliseront leur intention, ils font le choix correct ; ils retardent leur gratification pour la satisfaction plus grande de l'accomplissement, la richesse et la paix de l'esprit. Le savoir-faire de la gratification retardée est la source des richesses de l'autodiscipline.

> Pendant sept jours consécutifs, relisez cette Richesse chaque matin. Dès votre lecture terminée, rendez-vous au tableau de la page 116 (page 18 du Cahier de Travail PDF) et exécutez les pratiques recommandées ; à la fin de chaque pratique, cochez la case correspondante dans le tableau pour marquer le fait que vous l'avez réalisée avec succès.

La Neuvième des 13 Richesses

Faire Croître Ma Richesse Avec La Gentillesse

La perception d'ensemble que nous avons du monde crée une part massive de l'environnement dans notre esprit. Comme vous le savez depuis la Quatrième Vérité, ce qui appartient à un environnement y apparaît et fleurit, ce qui n'appartient pas à un environnement doit périr. Nous avons tous un choix à faire à propos du monde et ce choix détermine l'environnement général dans notre monde intérieur.

Si nous croyons que le monde est parfait, mais encore incomplet, alors construire dans le sens de notre intention utile et en harmonie avec La Source devient automatique...car elle en fait partie. Si d'un autre côté, nous croyons que le monde est en décadence et se dirige vers le diable et l'enfer, faire grandir quelque chose de merveilleux dans notre monde intérieur est simplement impossible.

Les grands navigateurs de la Carte se rendent compte de ces choses et prennent sur eux-mêmes d'aider à achever le monde parfait que La Source a donné. Ils font du monde une meilleure place en faisant du monde de leur esprit une meilleure place. Les richesses de la gentillesse nous aident tous à croire que le monde est bon, en évolution et en amélioration. Avec cette croyance, notre monde intérieur fait grandir les choses sans effort. Comment s'y prennent les grands ?

Ils comprennent que la gentillesse est le langage universel, ils tirent le meilleur des gens et ils aident à achever et à perfectionner le monde. La gentillesse est un langage que même les sourds peuvent entendre, que même les aveugles peuvent voir. Ce qui est retenu au-delà des accomplissements, du rang et de l'influence, c'est leur gentillesse. Vous laisserez votre gentillesse en héritage, rendez-la remarquable en oubliant l'ego et en pensant aux autres. Cela vous reviendra décuplé et formera ainsi votre monde intérieur à l'idée que le monde est véritablement parfait et que la seule chose qu'il lui faut pour finaliser sa perfection sont des actes aléatoires de gentillesse réalisés en grandes quantités. Prenez plaisir à réaliser les vôtres chaque jour.

Pendant sept jours consécutifs, relisez cette Richesse chaque matin. Dès votre lecture terminée, rendez-vous au tableau de la page 117 (page 19 du Cahier de Travail PDF) et exécutez les pratiques recommandées ; à la fin de chaque pratique, cochez soigneusement la case correspondante dans le tableau pour marquer le fait que vous l'avez réalisée avec succès.

La Dixième des 13 Richesses
L'Espoir

Ceux qui ont accumulé de la richesse sans mesure connaissent la signification plus profonde de l'espoir. Il y a des moments dans la vie de tous les gens, comme la perte d'un être cher, un échec professionnel, l'incapacité à remplir des obligations financières, où la seule chose qui parvient encore à les faire avancer est l'espoir…l'espoir qu'il y a de l'espoir. L'espoir de l'accomplissement, l'espoir d'une relation amoureuse, l'espoir d'un changement dans une situation difficile sont tous des merveilleuses évidences de l'esprit humain. Et bien que merveilleux, l'espoir dans ces moments est rarement récompensé à moins qu'on y trouve la sagesse plus profonde qu'il contient.

Donc quelle est la signification plus profonde de l'espoir comprise par ceux et celles qui ont accompli de grandes choses ? Ils savent que chaque lettre du mot Espoir (NDT « HOPE » en anglais) représente une direction claire pour les personnes qui ont décidé de réclamer les 13 Richesses de la Vie.

H – 'Help' ('Aider' en français)

O – 'Other' ('les autres')

P – 'People' ('gens')

E – 'Evolve' ('évoluer')

(NDT « Help other people to evolve » se traduit en français par « Aider d'autres gens à évoluer »)

Expérimenter les richesses de l'espoir signifie aider les autres à évoluer avec des mots d'encouragement, de l'aide directe sur le terrain, et le partage de notre expérience, de nos forces et de la mise en pratique de l'espoir.

Des cœurs se brisent, des emplois sont perdus, et des gens échouent mais vous savez déjà que les choses se passent au mieux pour ceux et celles qui tirent le meilleur de la tournure des événements. Souvent un mot gentil pendant une période d'essai ou pendant la poursuite d'un rêve est bénéfique. Il encourage la volonté de persévérer. Cependant le vrai espoir est d'Aider les Autres à Evoluer en partageant votre sagesse, en tendant une main accueillante, ou en travaillant avec eux sur les choses pour lesquelles ils entretiennent de l'espoir. Et comme la nuit suit le jour, plus vous donnez de l'ESPOIR, plus il reviendra vers vous. En vous encourageant, en vous envoyant des idées, des ressources et de l'énergie. Donnez l'énergie positive que transporte l'ESPOIR et l'ESPOIR remplira votre âme.

Pendant sept jours consécutifs, relisez cette Richesse chaque matin. Dès votre lecture terminée, rendez-vous au tableau de la page 118 (page 20 du Cahier de Travail PDF) et exécutez les pratiques recommandées ; à la fin de chaque pratique, cochez soigneusement la case correspondante dans le tableau pour marquer le fait que vous l'avez réalisée avec succès.

La Onzième des 13 Richesses

La Volonté de Partager les Bienfaits

Quand la richesse afflue dans tous les domaines de votre vie, votre volonté de partager les bienfaits détermine la valeur authentique que ces bienfaits représentent pour vous. Beaucoup ont la richesse mais ne vivent pas en fonction des principes des Vérités. Ils ne tirent pas de plaisir de leur richesse et se piègent eux-mêmes en pensant que plus de choses les mettront à l'abri et en sécurité. Quel est l'intérêt de la richesse si nous n'en tirons aucune joie ? Quel plaisir y a-t-il à posséder plus de richesses que ce qu'on ne pourra jamais utiliser si tout le temps est passé à avoir peur de la perdre ? Tel est le destin des personnes qui n'ont pas la volonté de partager leurs bienfaits.

Depuis la toute première Vérité, vous vous êtes transformé en une personne qui donne avec gratitude et qui reçoit avec humilité. En utilisant la Loi de la Croissance pour construire la richesse, votre volonté de partager vos bienfaits devient la clé de la richesse illimitée. Atteindre la plus haute Richesse dans tous les domaines de la vie et ne jamais avoir à s'inquiéter de voir l'affluence se poursuivre réside dans votre volonté de partager tous vos bienfaits. Certains sélectionnent ce qu'ils partagent. Au bout du compte, ce qu'ils gardent commence à les posséder, à les diriger. Ceci n'est pas la vraie richesse. Pour déclencher un flot ininterrompu de richesses, nous devons avoir la volonté de partager tous nos bienfaits, pas quelques-uns sélectionnés. Avec le temps, nous avons appris que le plus grand bienfait, le lien authentique avec les autres, est le plus insaisissable. Tous les hommes et toutes les femmes partagent le désir d'avoir des relations honnêtes. Partager votre argent, votre attitude mentale positive et votre gentillesse, c'est merveilleux, mais êtes-vous prêt à partager votre plus grand bienfait ? Vous-même ?

Devenez transparent pour tout le monde. Partagez vos rêves, vos espoirs et vos peurs. Partagez vos erreurs, partagez vos maux de tête, partagez votre sagesse, partagez vos faiblesses et vos sentiments. Car le bienfait de qui vous êtes vraiment va encourager les autres à être eux-mêmes. Et la richesse d'une relation honnête et transparente est en elle-même une richesse qui remplace toutes choses. Comment ? Exactement comme le monde est parfait mais encore incomplet, ainsi sommes-nous. Au sein de ces relations transparentes entre deux personnes, apparaissent les moyens et les manières pour les deux d'être parfaits. La volonté de partager les bienfaits, tous, est le facteur déterminant de la valeur qu'ils ont pour vous. Une grande volonté produit une grande confiance et une abondance massive. La volonté de tout partager, y compris vous-même, est le seul chemin vers l'amour véritable.

> Pendant sept jours consécutifs, relisez cette Richesse chaque matin. Dès votre lecture terminée, rendez-vous au tableau de la page 119 (page 21 du Cahier de Travail PDF) et exécutez les pratiques recommandées ; à la fin de chaque pratique, cochez soigneusement la case correspondante dans le tableau pour marquer le fait que vous l'avez réalisée avec succès.

La Douzième des 13 Richesses

Jouer

Depuis des milliers d'années et très probablement encore pour les milliers d'années à venir, les gens se lamentent sur la vitesse de la vie. Les aînés essayent d'impressionner la jeunesse avec leurs sentiments sur la brièveté de la vie et les jeunes les ignorent...seulement pour devenir les aînés eux-mêmes et communiquer le même message en vain aussi.

Et personne ne termine sa vie en regrettant de ne pas avoir travaillé plus durement. Au lieu de cela, avec beaucoup de souffrance, les gens se plaignent des moments en famille qu'ils ont manqués à cause du travail, des aventures qu'ils ont différées et jamais pu vivre, des rêves qu'ils ont manqués, et du rire qui les a gagnés beaucoup trop rarement.

La Richesse de Jouer sera plus riche que vous ne pouvez l'imaginer. Puisque vous avez maîtrisé la Cinquième Vérité et que vous faites maintenant les choses principales en premier, s'engager dans le jeu, l'amusement, et batifoler comme un enfant allumera le bonheur dans votre cœur. Il y a une saison pour chaque chose dans le cycle de la vie ; une saison pour planter, une saison pour grandir, une saison pour récolter, et une saison pour laisser le sol se reconstituer par lui-même. Laissez la nature être votre professeur. Sachez que lorsque vous vous amusez, lorsque vous jouez et que vous expérimentez l'aventure, votre corps, votre intellect et votre esprit se reconstituent. Cela vous rendra meilleur dans tout. Ceci contient une leçon plus grande et est l'un des secrets de la Carte. Jouez comme un enfant et apprenez des enfants. En vous efforçant d'être transparent, vous découvrirez que les meilleurs professeurs d'honnêteté, de transparence et du fait d'être soi-même sont les enfants. Notez comme il n'y a aucune gêne chez eux et à quel point ils sont honnêtes. Laissez leurs leçons, livrées sans le doute, couler en vous. Emportez-les avec vous pour les donner au monde.

Exactement comme nous aimons tous voir les enfants jouer, nous devons nous rappeler que tout le monde aspire à la joie de jouer, à l'humour et à la libération des contraintes quotidiennes. Bien que vous absorbiez en vous cette leçon inestimable des enfants et des amis qui aiment jouer, continuez à la donner malgré tout. Même si le chemin est important et qu'améliorer le monde dans lequel vous vivez est vital, n'oubliez pas qu'il n'y a rien de plus drôle qu'une personne qui croit qu'elle est trop importante pour jouer.

Pendant sept jours consécutifs, relisez cette Richesse chaque matin. Dès votre lecture terminée, rendez-vous au tableau de la page 120 (page 22 du Cahier de Travail PDF) et exécutez les pratiques recommandées ; à la fin de chaque pratique, cochez soigneusement la case correspondante dans le tableau pour marquer le fait que vous l'avez réalisée avec succès.

La Treizième des 13 Richesses
La Richesse Financière

Ce n'est pas que les gens financièrement prospères font certaines choses ; ils font juste les choses d'une « Certaine Manière. » La merveilleuse nouvelle est que vous avez appris cette « Certaine Manière » au travers des Vérités. Tout ce qui reste à faire est de comprendre ce que vous savez déjà, lorsque cela s'applique aux affaires.

Trois marchands vendent des tapis sur le marché. La qualité des tapis est à peu près la même. Le prix qu'ils demandent est à peu près le même. Après trois ans, l'un a fait faillite, un autre arrive tout juste à vivre et le troisième est devenu financièrement riche. Celui qui est riche a simplement fait les choses d'une « Certaine Manière. »

Quelle est cette « Certaine Manière » ?

Lorsqu'on les interroge, le marchand qui a fait faillite et celui qui peine à survivre pensaient au profit au lieu des besoins et des meilleurs intérêts de leurs prospects. La « Certaine Manière » est de coopérer avec les prospects, pas simplement de leur vendre et de leur fournir un service. Le marchand financièrement riche ne s'engage que dans des transactions qui bénéficient à tous, et avant tout, au client. Il considère comme un honneur d'être au service, de découvrir les besoins de ses clients et de s'assurer que cela correspond à leur budget. Il envoie certains clients chez le concurrent si celui-ci a quelque chose qui répond mieux aux besoins de ces clients-là. Le résultat est que les clients qu'il acquiert ne peuvent que recommander ce marchand à tout le monde.

Pour posséder la richesse financière, nous devons vivre suivant les principes des Vérités et partager toutes les richesses, comme la gentillesse, l'espoir et une attitude mentale positive avec les clients potentiels. Vous vous rappelez la volonté de partager les bienfaits ? Faites-le. La « Certaine Manière » est de laisser les Sept Vérités être ce que vous êtes, de les laisser briller à travers vous ; et par-dessus tout, pour être réellement riche financièrement, vous ne devez pas être comme le singe qui refuse de lâcher la banane lorsqu'il s'agit d'argent. Les personnes qui font les choses d'une « Certaine Manière » ont depuis longtemps abandonné l'idée que plus pour quelqu'un d'autre signifie moins pour elles. Comprenez l'abondance en contemplant toutes les étoiles, les grains de sable sur toutes les plages et dans tous les déserts. La Source de Tous les Bienfaits nous a conçus pour grandir. Les personnes qui font les choses d'une « Certaine Manière » ne pensent pas qu'il y a une limite aux choses. Au lieu de cela, elles pensent à la manière dont elles ont été conçues : pour grandir et aider à créer de l'accroissement. Elles pensent accroissement. La richesse financière ? Observez l'abondance. Pensez accroissement. Ne pensez qu'accroissement. La réussite, c'est le service.

> Pendant sept jours consécutifs, relisez cette Richesse chaque matin. Dès votre lecture terminée, rendez-vous au tableau de la page 121 (page 23 du Cahier de Travail PDF) et exécutez les pratiques recommandées ; à la fin de chaque pratique, cochez soigneusement la case correspondante dans le tableau pour marquer le fait que vous l'avez réalisée avec succès.

Le Choix

Il était une fois une salle d'exposition qui contenait des objets précieux venant des quatre coins du monde. Les gens venaient de loin pour voir ces nombreuses merveilles. L'une des vitrines contenait deux grands œufs de dinosaure et était toujours la plus fréquentée. Les gens étaient fascinés par cette superbe exposition. Ce que les visiteurs n'ont jamais réalisé était que les œufs, tant pour les mamans que pour les dinosaures jamais nés, représentaient un échec complet. Le même sort attend la Carte si vous la laissez là après l'avoir parcourue une première fois.

La Carte apportera de nouvelles prises de conscience qui engendreront une richesse insoupçonnée à ceux et celles qui reviendront à la première des richesses, une Attitude Mentale Positive, et qui recommenceront le parcours avec un enthousiasme accru. La Carte promet et livre encore plus de richesses chaque fois que vous travaillez avec les 13 Richesses. Contrairement à une mine d'or ou d'argent, plus vous creusez profond, plus vous devenez concentré, plus la Carte renverra à la fois de la sagesse et de la richesse.

Ceci devient alors Le Choix auquel sont confrontés tous ceux et toutes celles qui ont eu la Carte en leur possession ; travailler à nouveau avec la Carte en la parcourant avec une précision accrue ou bien la laisser de côté prendre la poussière, et attendre quelqu'un qui en vaille la peine pour lui transmettre les Vérités et la Carte manuellement. Les personnes qui deviennent riches au-delà de toute mesure sont celles qui ont établi leurs propres valeurs, s'évaluant non par leurs acquisitions mais par leurs contributions. Plus vous acquerrez de richesses, plus vous avez à donner. Plus fréquemment vous voyagez intérieurement en utilisant la Carte comme guide, plus grands sont les cadeaux et les richesses que vous avez à partager. Et comme ce que nous donnons nous revient en quantités encore plus grandes, ce que vous avez à donner se multiplie exactement comme vos contributions.

Votre meilleure contribution viendra au moment de transmettre les Vérités et la Carte des 13 Richesses à une personne qui en vaut la peine, exactement comme vous les avez reçues.

Et comment saurez-vous reconnaître une personne qui en vaut la peine ? Lorsque le flot de bénédictions inimaginables qui s'écoule au quotidien dans votre vie vous aura rendu humble. Ceci se produit lorsque vous acceptez la vérité que l'infini est contenu dans le fini, lorsque votre mode de vie est d'être entièrement immergé dans chaque instant. Lorsque vous vivez à ce niveau de totale conscience et savez que tout est connecté y compris vous, le prochain bénéficiaire, une personne d'honneur qui tient ses promesses, vous trouvera, vous choisira. Vous n'avez pas besoin de la chercher, et la vérité dont vous avez besoin pour faire le bon choix dansera dans votre cœur.

Continuez à donner pour continuer à grandir.

Chapitre Quinze

« Quelque chose qui ressemble à un livre »

J'arrivai au zoo de Seattle aux environs de 11h30. Je pensais que Doc arriverait aux alentours de midi. Je me trompais ; il était assis là, regardant bien sûr les girafes. Nous nous serrâmes dans les bras, longtemps et intensément.

« Tu vois celle-là, celle qui joue ? » J'acquiesçai de la tête. « C'est Fola » dit Doc. Il affichait le même enthousiasme enfantin que j'avais observé à Oakland.

« Je voulais te demander, quand nous étions à Oakland, si cette girafe s'appelait vraiment Joey. »

« Est-ce important ? » demanda Doc, avec un clin d'œil.

« Non pas vraiment, c'est juste de la curiosité » dis-je.

« Je ne sais même pas si elles ont des noms. Je n'ai jamais demandé. Je leur ai juste donné un nom moi-même. Joey, c'est mon frère, en fait Joe, mais cette girafe était jeune quand je l'ai adoptée, donc Joey semblait juste bien, tu vois ? Maintenant, Fola, eh bien, j'ai pensé qu'un nom africain aurait été bien. Au Nigeria, ce nom veut dire « honneur » et tenir vos promesses, donc, tu vois...la voix de Doc s'interrompit.

Il pointa vers un banc, et nous marchâmes jusque là. « Nous avons une affaire qui n'est pas terminée à propos de ce « *quelque chose qui ressemble à un livre* », mais je veux t'entendre à propos de ta fortune et de ce que tu comptes faire ensuite, le choix que tu as fait. »

Je partageai avec Doc quelques-uns des bienfaits qui avaient afflués dans ma vie via des canaux que je n'aurais jamais pu prévoir, puisque je ne savais même pas qu'ils existaient ; l'énorme quantité de gens qui lisaient mon blog, deux articles pour lesquels des magazines importants m'avaient payé une avance d'un éditeur pour un livre de courtes histoires... Je commençai à raconter mon histoire avec un nœud dans la gorge pendant quelques minutes. Doc mis sa main sur mon visage, le couvrant gentiment le temps que je me reprenne.

« Je n'ai plus besoin de savoir désormais » dit-il doucement. « Et le choix ? Que vas-tu faire ensuite ? » Je l'informai que j'avais déjà recommencé la première des 13 Richesses. Il approuva de la tête et me dit qu'il n'avait pas manqué un jour depuis des années.

« Doc, tous tes emails sont signés « *continue à donner pour continuer à grandir* », et je me demandais si tu avais pris cela de la dernière page de la Carte, ou si tu l'avais ajouté. » Je m'attendais à ce qu'il me demande « Est-ce important ? », et bien sûr, c'est ce qu'il fit, avec un autre clin d'œil et un sourire.

Nous avalâmes une paire de hot dogs, et il revint sur notre affaire encore en cours. « Chaque personne qui reçoit ces Vérités au tournant d'un millénaire décide de les écrire à la main et de les transmettre à un individu ou bien de les donner au monde. Donc, parlons de ce « quelque chose qui ressemble à un livre » et trouvons ce que nous allons faire ensemble. »

Nous parlâmes toute l'après-midi, mais la plus grande partie de la conversation porta sur la première réunion de Doc avec Toni et Peter, notamment sur quelque chose qu'ils lui avaient dit à propos de l'amour et dont il m'avait parlé aussi. Et aussi de Johannes Gutenberg. Nous parlâmes beaucoup de l'invention de Gutenberg, la presse à imprimer.

« Comme je me le rappelle, Toni t'avait dit quelque chose comme, *l'amour est en besoin d'amour*, et ils voulaient apporter les Vérités au monde à cause de cela. Que penses-tu qu'elle voulait dire ? » demandais-je.

« Je ne suis pas sûr de ce que cela voulait dire pour elle. Nous en avons parlé quelques fois. Je pense que les gens qui s'engagent dans les Vérités et la Carte, qui suivent vraiment les instructions, seraient d'accord que se connecter à *La Source de Tous les Bienfaits* est vraiment une expérience hautement individualisée, unique pour chacun et chacune d'entre nous. Notre compréhension de ce qu'est la Source diffère également ; elle peut s'appeler La Source, Dieu, Jésus, l'Esprit Universel, Allah, le Créateur...Je crois vraiment que le point commun est que quand nous réalisons que nous sommes des canaux, des représentants de *La Source*, d'une façon ou d'une autre nous expérimentons son amour. Peut-être complètement, peut-être partiellement, mais l'amour semble être le dénominateur commun. Est-ce que cela a du sens ? »

« Je suis d'accord, Doc. »

« Donc, il semble que nous soyons toujours en train de dire des choses comme, *Que Dieu vous bénisse*, ou Que *Dieu bénisse l'Amérique*, ou quelque chose du genre...Guéris ceci...Répare cela...S'il te plaît, guéris, Mary...enfin tu vois l'idée. Qu'en serait-il si nous inversions cela et que nous faisions en sorte que La Source connaisse notre amour pour elle, que nous lui envoyions notre amour, nos bénédictions, et que nous ne demandions rien en échange ? En d'autres mots, que se passerait-il si nous allions plus loin que le remerciement et que nous commencions à donner...nos bons vœux, notre amour, nos bienfaits à la Source. Peut-être que nous pourrions commencer à renvoyer de l'amour et commencer par l'amour à la Source, au lieu de diriger la Source vers là où nous pensons qu'elle devrait envoyer de l'amour et des bénédictions. »

Nous parlâmes de cela pendant une paire d'heures avant d'en arriver à l'inévitable conclusion. *Pourquoi ne pas simplement mettre en action l'idée de bénir la Source avec de l'amour, et voir ce qui se passe, plutôt que d'être attaché à ce que cela pourrait vouloir dire ou les résultats qui pourraient en découler ?*

Dans un pressentiment, je demandai à Doc s'il était déjà en train de faire cela, bénir la Source...et bien sûr, il sourit, de ce sourire devenu familier, espiègle et apaisant en même temps, et répondit, « Est-ce important ? »

Ce qui semblait importer à Doc était Johannes Gutenberg, ou du moins, le poids de son invention dans les années 1400 : la presse à imprimer. Doc me rappela que les gens à qui *les Vérités et la Carte* avaient été transmises au tournant d'un millénaire sont ceux qui doivent décider de poursuivre la tradition de les transmettre intactes à un individu, ou décider de les donner à tout le monde, au monde.

« Tu vois, la chose intéressante est que, jusqu'à présent – juste maintenant – les possibilités de diffuser les Vérités et la Carte au monde sur une grande échelle n'avaient jamais existé pour nos prédécesseurs à cheval sur deux millénaires. Le rituel avait été de les écrire à la main lorsque la bonne personne vous choisissait. Lorsque vous ajoutiez à cela le nombre de personnes qui ne pouvaient pas lire, eh bien... ce n'était pas vraiment un fardeau pour les passeurs. Il n'y avait aucun moyen de le faire, même s'ils l'avaient voulu, et pour la plupart, les gens ne savaient pas lire. »

« Tu penses vraiment que c'est un fardeau ? » demandais-je.

« Peut-être suis-je juste en train de prétendre que c'en est un » admit-il. « Tu vois, ces girafes savent ce qu'elles sont supposées faire. Etre une girafe. Point. Nous devons faire des choix ; pas elles. Je suppose que l'action juste m'a déjà choisie sur ma terrasse la première fois que nous sommes entrés en contact en personne. Il était clair que tu honorerais les promesses que tu ferais. Je suppose que la lutte se situe dans ce qu'on ne sait pas. »

« Ce qu'on ne sait pas ? » demandais-je.

« Je ne sais tout simplement pas si écrire ce « quelque chose qui ressemble à un livre » … si cette action t'a choisie. »

Je souris et demandai, « Est-ce important ? »

La tête de Doc passa des girafes à moi. Il me donna un gentil coup de poing sur le bras et me serra chaleureusement dans ses bras.

Post Scriptum

Une Invitation

La légende dit que, pour des siècles, une 8ème Vérité devrait être ajoutée, la Vérité du « S ». L'idée est que la Vérité du « S » signifierait le Partage du Savoir. Au fil des siècles, les succès qui ont perduré ont eu une chose en commun. Quoi donc ? Un groupe de gens en soutien qui nous aideraient à rester dans les rails tant pour la raison d'être que pour le plan. Dans son livre *« Réfléchissez et Devenez Riche »*, Napoleon Hill a popularisé cela sous le terme de « Mastermind Alliance » (NDT « Groupe de Réflexion » ou « Alliance Mastermind »).

« Personne n'y arrive sans une Alliance Mastermind, c'est ainsi. » Napoleon Hill.

Les succès et les idées positives des autres sont des encouragements inestimables. C'est pourquoi nous aimerions vous inviter à partager votre histoire. S'il vous plaît, rendez-nous visite à Doc et moi – https:/VivreDansLaGrandeur.com/partage/ et faites-nous connaître vos expériences, vos forces, et vos espoirs pendant que vous parcourez la Carte.

Là, vous y découvrirez des groupes qui sont en train de travailler au moyen de Vivre Dans La Grandeur. Il est vraiment plus facile de rester sur la bonne route vis-à-vis du plan et de l'intention lorsque les autres vous soutiennent et vous encouragent. Les amitiés et le flot abondant d'idées expérimentées par les gens sont inestimables lorsqu'elles sont partagées.

« Ce qui ne peut être réalisé le temps d'une vie se produira lorsqu'une vie est jointe à une autre. » Harold Kushner.

L'Expérience des Clés de la Maîtrise

Une fois par an, nous offrons un Mastermind de six mois, l'Expérience des Clés de la Maîtrise, réunissant des gens du monde entier. Bien que la plupart des gens déclarent qu'il s'agisse de la chose la plus difficile qu'ils aient jamais entreprise, ils déclarent aussi qu'elle est sans aucun doute, la meilleure chose qu'ils aient jamais faite pour eux-mêmes. Puisque vous avez acheté ce livre, vous recevez automatiquement une bourse payée à l'avance pour la formation. Cela veut simplement dire que les membres des sessions précédentes ont « pré-payé » pour les futurs membres. Au cas où vous aimeriez avoir des informations sur le cours et demander votre bourse, vous trouverez tout ce dont vous avez besoin ici : https:/VivreDansLaGrandeur.com

Nous serions heureux d'avoir de vos nouvelles, en particulier sur la manière dont le travail avec la Carte a eu un impact sur vous et sur les gens qui sont dans votre univers.

Annexe : Le Cahier de Travail

Tous les principes et tous les concepts partagés dans ce livre, aussi riches et beaux soient-ils, ne représenteraient rien sans une mise en pratique appliquée et sincère.

Car contrairement à la croyance trop répandue qui prétend que « le savoir, c'est le pouvoir », c'est en réalité la *mise en pratique* du savoir qui constitue le véritable pouvoir, grâce à l'expérience acquise par celui ou celle qui a osé passer à l'action et mettre son savoir à l'épreuve.

Les pages qui suivent reprennent donc les instructions à suivre pour mettre en pratique à tour de rôle chacune des 7 vérités et chacune des 13 richesses, ce qui amènera, grâce à la répétition, à leur assimilation et à leur intégration dans l'attitude et les comportements quotidiens.

Chaque Vérité se pratique pendant deux semaines consécutives, et chaque Richesse pendant une semaine. Le cahier de travail vous emmènera donc à pratiquer pendant 27 semaines consécutives.

A l'issue des 27 semaines, il est hautement recommandé de recommencer l'exercice complet, en partant de la première vérité. Ainsi, par la répétition, les principes partagés dans cet enseignement ancestral se diffuseront petit à petit dans vos croyances, puis dans vos comportements et enfin dans vos habitudes.

C'est à partir de ce stade que vous aurez entièrement saisi la profondeur de ce que signifie « acquérir les 13 Richesses de la Vie *sans effort* », car vous serez en train de le vivre !

NOTE : Vous pouvez demander gratuitement une copie électronique en format PDF du Cahier de Travail en envoyant un e-mail à l'adresse suivante : Service@VivreDansLaGrandeur.com

La Première Vérité : « Le G » (Semaines 1 et 2)

Contribue Avec Gratitude Aux Rêves Des Autres et Fais Croître la Grandeur

Je me fais le cadeau de suivre mes progrès, en cochant ci-dessous chaque promesse tenue.

Lecture = lire le texte de la Première Vérité ; le lire à haute voix le soir.

5' assis en silence = s'installer dans un endroit calme à l'abri des dérangements et rester assis sans bouger pendant au moins 5'.

3 gratitudes = écrire matin et soir 3 nouvelles gratitudes relatives aux événements du jour. Elles peuvent être écrites dans un cahier, ou mieux encore sur des fiches qu'on peut facilement relire.

	J1	J2	J3	J4	J5	J6	J7	J8	J9	J10	J11	J12	J13	J14
MATIN														
Lecture	O	O	O	O	O	O	O	O	O	O	O	O	O	O
5' assis en silence	O	O	O	O	O	O	O	O	O	O	O	O	O	O
3 gratitudes	O	O	O	O	O	O	O	O	O	O	O	O	O	O
SOIR														
Lecture	O	O	O	O	O	O	O	O	O	O	O	O	O	O
5' assis en silence	O	O	O	O	O	O	O	O	O	O	O	O	O	O
3 gratitudes	O	O	O	O	O	O	O	O	O	O	O	O	O	O

Notes personnelles

La Deuxième Vérité : « *Le I* » (Semaines 3 et 4)

Imagination

Je tiens un relevé de mes progrès, Vivant Dans la Grandeur par mes promesses.

Lecture = lire le texte de la Deuxième Vérité ; le lire à haute voix le soir.

6' assis en silence = s'installer dans un endroit calme à l'abri des dérangements et rester assis sans bouger pendant au moins 6'.

Imagination = commencer par dire « *Je connais mon idéal. Il se manifeste car il est bon pour moi, ne prend rien de précieux aux autres, est fondé sur le service aux autres et représente la Source de Tous les Bienfaits avec respect.* » Ensuite, se représenter une image claire de son idéal au moyen de la méthode du récit au meilleur ami, comme décrit dans la Deuxième Vérité.

	J1	J2	J3	J4	J5	J6	J7	J8	J9	J10	J11	J12	J13	J14
MATIN														
Lecture	O	O	O	O	O	O	O	O	O	O	O	O	O	O
6' assis en silence	O	O	O	O	O	O	O	O	O	O	O	O	O	O
Imagination	O	O	O	O	O	O	O	O	O	O	O	O	O	O
SOIR														
Lecture	O	O	O	O	O	O	O	O	O	O	O	O	O	O
6' assis en silence	O	O	O	O	O	O	O	O	O	O	O	O	O	O
Imagination	O	O	O	O	O	O	O	O	O	O	O	O	O	O

CLEF : J'écris mon intention sur 3 cartes de 7,5 x 12,5 cm ou plus petites. Je l'écris au présent et j'y inclus les émotions que j'expérimente au moment où elles se réalisent. Je porte toujours une carte sur moi, j'en place une près de mon lit et une à mon lieu de travail.

Notes personnelles

La Troisième Vérité : « *Le R* » (Semaines 5 et 6)

Relâcher les Croyances Limitatives

Je Vis plus Dans la Grandeur, en tenant mes promesses.

Lecture = lire le texte de la Troisième Vérité ; le lire à haute voix le soir.

8' de marche avec et sans cailloux = procéder comme indiqué dans la Troisième Vérité, marcher 4' avec des cailloux dans la chaussure gauche, puis 4' sans les cailloux ; tout en marchant, réfléchir à cette métaphore représentant le pouvoir de la pensée.

6' assis en silence = s'installer dans un endroit calme à l'abri des dérangements et rester assis sans bouger pendant au moins 6'.

	J1	J2	J3	J4	J5	J6	J7	J8	J9	J10	J11	J12	J13	J14
MATIN														
Lecture	O	O	O	O	O	O	O	O	O	O	O	O	O	O
8' de marche avec et sans cailloux	O	O	O	O	O	O	O	O	O	O	O	O	O	O
SOIR														
Lecture	O	O	O	O	O	O	O	O	O	O	O	O	O	O
6' assis en silence	O	O	O	O	O	O	O	O	O	O	O	O	O	O

Notes personnelles

La Quatrième Vérité : « *Le A* » (Semaines 7 et 8)

Action Focalisée et Sans Attachement

Qu'est-ce que la personne que j'ai l'intention de devenir ferait ensuite ? Je tiens mes promesses et je répète « Fais-le maintenant » 25 x deux fois par jour au moins.

Lecture = lire le texte de la Quatrième Vérité ; le lire à haute voix le soir.

6' assis en imaginant l'action = s'installer dans un endroit calme à l'abri des dérangements et rester assis sans bouger pendant au moins 6' tout en se visualisant passer à l'action sur les comportements principaux qui font avancer mon intention.

6' assis en silence = s'installer dans un endroit calme à l'abri des dérangements et rester assis sans bouger pendant au moins 6'.

2 questions = pendant la séance assise de 6' en silence, se poser mentalement les deux questions suivantes et y répondre : « Qu'ai-je fait correctement aujourd'hui ? » et « Que puis-je améliorer ? »

	J1	J2	J3	J4	J5	J6	J7	J8	J9	J10	J11	J12	J13	J14
MATIN														
Lecture	O	O	O	O	O	O	O	O	O	O	O	O	O	O
6' assis en imaginant l'action	O	O	O	O	O	O	O	O	O	O	O	O	O	O
SOIR														
Lecture	O	O	O	O	O	O	O	O	O	O	O	O	O	O
6' assis en silence	O	O	O	O	O	O	O	O	O	O	O	O	O	O
2 questions	O	O	O	O	O	O	O	O	O	O	O	O	O	O

Notes personnelles

La Cinquième Vérité : « *Le 1ᵉʳ F* » (Semaines 9 et 10)

Faire les Choses Principales en Premier

Je consacre d'abord 2 minutes à la Source avant d'entraîner mon esprit à la Cinquième Vérité.

Lecture = lire le texte de la Cinquième Vérité ; le lire à haute voix le soir.

4' sur le plus grand bâtiment = s'installer dans un endroit calme à l'abri des dérangements et rester assis sans bouger ; pendant ce temps, penser au plus grand bâtiment de la région et le contempler, puis remonter dans le temps comme indiqué dans la Cinquième Vérité jusqu'à l'intention initiale de sa construction.

	J1	J2	J3	J4	J5	J6	J7	J8	J9	J10	J11	J12	J13	J14
MATIN														
Lecture	O	O	O	O	O	O	O	O	O	O	O	O	O	O
4' sur le plus grand bâtiment	O	O	O	O	O	O	O	O	O	O	O	O	O	O
SOIR														
Lecture	O	O	O	O	O	O	O	O	O	O	O	O	O	O
4' sur le plus grand bâtiment	O	O	O	O	O	O	O	O	O	O	O	O	O	O

Notes personnelles

La Sixième Vérité : « *Le 2ème F* »[2] (Semaines 11 et 12)

Fabrication Première Classe par un Fabricant de Première Classe

Je consacre 2 minutes à la Source avant d'entraîner mon esprit à la Sixième Vérité.

Je m'assieds toujours en silence pendant 6 minutes ou plus après avoir lu la Vérité « Fabrication Première Classe » et je contemple l'harmonie tout autour de moi.

Lecture = lire le texte de la Sixième Vérité ; le lire à haute voix le soir.

6' à contempler l'harmonie = s'installer dans un endroit calme à l'abri des dérangements et rester assis sans bouger ; pendant ce temps, contempler l'harmonie dans la nature, en pensant à la manière dont toutes choses fonctionnent en accord avec ce pour quoi elles ont été conçues.

	J1	J2	J3	J4	J5	J6	J7	J8	J9	J10	J11	J12	J13	J14
MATIN														
Lecture	O	O	O	O	O	O	O	O	O	O	O	O	O	O
6' à contempler l'harmonie	O	O	O	O	O	O	O	O	O	O	O	O	O	O
SOIR														
Lecture	O	O	O	O	O	O	O	O	O	O	O	O	O	O
6' à contempler l'harmonie	O	O	O	O	O	O	O	O	O	O	O	O	O	O

Notes personnelles

---

[2] NDT En anglais, le mot « girafe » s'écrit avec deux « f », d'où cette sixième vérité utilisant à nouveau cette lettre

La Septième Vérité : « Le E » (Semaines 13 et 14)

Enthousiasme

Je consacre 2 minutes à La Source avant d'exercer mon esprit à la Septième Vérité.

Je m'assieds toujours en silence pendant 7 minutes ou plus après la lecture de la Vérité de l'Enthousiasme.

J'écoute avec mon cœur et je laisse l'action parfaite me choisir.

Lecture = lire le texte de la Septième Vérité ; le lire à haute voix le soir.

7' en silence, écouter avec le coeur = s'installer dans un endroit calme à l'abri des dérangements et rester assis sans bouger ; pendant la 1ère minute, penser aux affaires de la journée, aux gens que j'aime et comment je pourrais améliorer leur vie aujourd'hui ; pendant les 6 minutes suivantes, j'écoute avec le cœur et je laisse l'action parfaite me choisir.

	J1	J2	J3	J4	J5	J6	J7	J8	J9	J10	J11	J12	J13	J14
MATIN														
Lecture	O	O	O	O	O	O	O	O	O	O	O	O	O	O
7' assis en silence, écouter avec le coeur	O	O	O	O	O	O	O	O	O	O	O	O	O	O
SOIR														
Lecture	O	O	O	O	O	O	O	O	O	O	O	O	O	O
7' assis en silence, écouter avec le coeur	O	O	O	O	O	O	O	O	O	O	O	O	O	O

Notes personnelles

La Carte des 13 Richesses de la Vie

Avertissement important

Si vous êtes tenté(e) d'aborder cette deuxième partie du cahier de travail avant d'avoir accompli le parcours complet des 7 Vérités, résistez à la tentation et retournez courageusement aux 7 Vérités car sans elles, les 13 Richesses resteraient inaccessibles et sans résultat pour l'élève impatient !

***

Si vous avez travaillé à tour de rôle chacune des vérités pendant deux semaines, bravo, vous avez commencé à être un maître de la Loi de la Croissance pendant les 14 dernières semaines écoulées et tout ce que vous avez à faire maintenant est de suivre la Carte, un jour à la fois, comme vous avez suivi les Vérités.

Lisez, promettez et exécutez...et pour accélérer votre richesse, continuez à la partager comme la personne que vous êtes et qui donne avec gratitude.

La Première des 13 Richesses (Semaine 15)

Une Attitude Mentale Positive

Vous venez de lire le texte de la 1ère Richesse ; lisez maintenant ce qui suit à voix haute ; partez de « Je promets de » et allez jusqu'à « Je tiens toujours mes promesses. » Assurez-vous de dire votre nom dans la lecture à voix haute. Ensuite, suivez les quatre étapes comme indiqué.

Je promets de suivre ces quatre étapes aujourd'hui :

	J1	J2	J3	J4	J5	J6	J7
1. Je lis la Première Vérité (G) matin et soir :							
MATIN	o	o	o	o	o	o	o
(à haute voix) **SOIR**	o	o	o	o	o	o	o
2. Je lis ma carte des intentions avec enthousiasme 3x par jour :							
MATIN	o	o	o	o	o	o	o
MIDI	o	o	o	o	o	o	o
SOIR	o	o	o	o	o	o	o
3. En cours de journée, j'identifie tous les exemples d'Attitude Mentale Positive et je les note sur une fiche (voir exemples ci-dessous).	o	o	o	o	o	o	o
4. Après ma séance assise du soir, je relis ma fiche et j'entoure l'exemple que je trouve le meilleur.	o	o	o	o	o	o	o

Je tiens toujours mes promesses.

Voici quelques exemples d'une attitude mentale positive. Des compliments, des embrassades, des poignées de main, des gens qui partagent avec vous les bonnes choses auxquelles ils s'attendent, sourire... Notez chaque situation d'attitude mentale positive observée durant la journée sur une fiche dédiée à cet effet. Trouvez quelques situations qui vous sont propres par vous-mêmes ! Voyez le meilleur en toutes choses, partout et chez chacun et chacune. Plus vous identifiez, plus vous ferez grandir ce précieux cadeau qui est prêt à se manifester en vous.

Chaque jour le nombre d'exemples d'attitude mentale positive observés chez vous et chez les autres grandira si vous vous concentrez.

<u>Notes personnelles</u>

La Deuxième des 13 Richesses (Semaine 16)

Une Excellente Santé Physique

Vous venez de lire le texte de la 2ème Richesse ; lisez maintenant ce qui suit à voix haute ; partez de « Je promets de » et allez jusqu'à « Je tiens toujours mes promesses. » Assurez-vous de dire votre nom dans la lecture à voix haute. Ensuite, suivez les cinq étapes comme indiqué.

Je promets de suivre ces cinq étapes aujourd'hui :

	J1	J2	J3	J4	J5	J6	J7
1. Je lis la Deuxième Vérité (I) matin et soir :							
MATIN	O	O	O	O	O	O	O
(à haute voix) **SOIR**	O	O	O	O	O	O	O
2. Je lis ma carte des intentions avec enthousiasme 3x par jour :							
MATIN	O	O	O	O	O	O	O
MIDI	O	O	O	O	O	O	O
SOIR	O	O	O	O	O	O	O
3. J'affirme avec vigueur, « je me sens sain, je me sens heureux, je me sens fantastiquement bien ! » 10 fois, et si quelqu'un me demande comment je me sens ou si tout va bien, je réponds par cette affirmation avec conviction.	O	O	O	O	O	O	O
4. Au fur et à mesure de la journée, j'identifie constamment les choix d'Excellente Santé Physique et je les note sur une fiche (voir quelques exemples ci-dessous).	O	O	O	O	O	O	O
5. Après ma séance assise du soir, je relis ma fiche et j'entoure l'exemple que je trouve le meilleur.	O	O	O	O	O	O	O

Je tiens toujours mes promesses.

Voici quelques exemples de choix qui favorisent l'Excellente Santé Physique. L'exercice, les choix sains que d'autres font avec la nourriture, la guérison des gens, les gens qui en aident d'autres à guérir. Notez chaque choix d'Excellente Santé Physique observé durant la journée sur une fiche dédiée à cet effet. Trouvez quelques choix qui vous sont propres par vous-mêmes ! Voyez le meilleur en toutes choses, partout et chez chacun et chacune. Plus vous identifiez, plus vous ferez grandir ce précieux cadeau qui est prêt à se manifester en vous.

Chaque jour le nombre d'exemples d'excellente santé physique observés chez vous et chez les autres grandira si vous vous concentrez.

<u>Notes personnelles</u>

La Troisième des 13 Richesses (Semaine 17)

Un Esprit Ouvert

Vous venez de lire le texte de la 3ème Richesse ; lisez maintenant ce qui suit à voix haute ; partez de « Je promets de » et allez jusqu'à « Je tiens toujours mes promesses. » Assurez-vous de dire votre nom dans la lecture à voix haute. Ensuite, suivez les quatre étapes comme indiqué.

Je promets de suivre ces quatre étapes aujourd'hui :

	J1	J2	J3	J4	J5	J6	J7
1. Je lis la Troisième Vérité (R) matin et soir :							
MATIN	o	o	o	o	o	o	o
(à haute voix) SOIR	o	o	o	o	o	o	o
2. Je lis ma carte des intentions avec enthousiasme 3x par jour :							
MATIN	o	o	o	o	o	o	o
MIDI	o	o	o	o	o	o	o
SOIR	o	o	o	o	o	o	o
3. Au fur et à mesure de la journée, j'identifie des exemples d'ouverture d'esprit (voir quelques exemples ci-dessous) et je les note sur une fiche.	o	o	o	o	o	o	o
4. Après ma séance assise du soir, je relis ma fiche et j'entoure l'exemple que je trouve le meilleur.	o	o	o	o	o	o	o

Je tiens toujours mes promesses.

Voici quelques exemples d'ouverture d'esprit. Ecouter, acquiescer de la tête, les ententes, poser des questions, la fascination, essayer différents aliments ou boissons... Notez les exemples d'ouverture d'esprit observés durant la journée sur une fiche dédiée à cet effet. Trouvez quelques exemples à vous ! Plus vous en identifiez, plus votre esprit s'ouvrira et un flot riche d'idées se déversera sur vous en grande quantité chaque jour.

Chaque jour le nombre d'exemples d'ouverture d'esprit observés chez vous et chez les autres grandira si vous vous concentrez.

<u>Notes personnelles</u>

La Quatrième des 13 Richesses (Semaine 18)

La Capacité à Diriger la Foi

Vous venez de lire le texte de la 4ème Richesse ; lisez maintenant ce qui suit à voix haute ; partez de « Je promets de » et allez jusqu'à « Je tiens toujours mes promesses. » Assurez-vous de dire votre nom dans la lecture à voix haute. Ensuite, suivez les quatre étapes comme indiqué.

Je promets de suivre ces quatre étapes aujourd'hui :

	J1	J2	J3	J4	J5	J6	J7
1. Je lis la Quatrième Vérité (A) matin et soir :							
MATIN	O	O	O	O	O	O	O
(à haute voix) SOIR	O	O	O	O	O	O	O
2. Je lis ma carte des intentions avec enthousiasme 3x par jour :							
MATIN	O	O	O	O	O	O	O
MIDI	O	O	O	O	O	O	O
SOIR	O	O	O	O	O	O	O
3. Au fur et à mesure de la journée, j'identifie des actes de foi et je les note sur une fiche (voir quelques exemples ci-dessous)	O	O	O	O	O	O	O
4. Après ma séance assise du soir, je relis ma fiche et j'entoure l'exemple d'acte de foi que je trouve le meilleur.	O	O	O	O	O	O	O

Je tiens toujours mes promesses.

Voici quelques exemples d'actes de foi. Des paroles confiantes, l'espoir, l'anticipation, des prévisions, des projections, des buts, des gens fréquentant les marchands, des mots gentils prononcés à propos de gens absents, des lieux de cultes, … Notez chaque acte de foi observé durant la journée sur une fiche dédiée à cet effet. Trouvez quelques exemples à vous ! Plus vous identifiez des actes de foi, plus vous aurez de contrôle sur la manière de diriger votre foi. Diriger votre foi sur votre intention accélère la manifestation car les pensées humaines ont tendance à s'exprimer dans le plan physique lorsqu'elles sont accompagnées d'une foi dirigée.

Chaque jour le nombre d'actes de foi observés chez vous et chez les autres grandira si vous vous concentrez.

<u>Notes personnelles</u>

La Cinquième des 13 Richesses (Semaine 19)

La Liberté

Vous venez de lire le texte de la 5ème Richesse ; lisez maintenant ce qui suit à voix haute ; partez de « Je promets de » et allez jusqu'à « Je tiens toujours mes promesses. » Assurez-vous de dire votre nom dans la lecture à voix haute. Ensuite, suivez les quatre étapes comme indiqué.

Je promets de suivre ces quatre étapes aujourd'hui :

	J1	J2	J3	J4	J5	J6	J7
1. Je lis la Cinquième Vérité (1er F) matin et soir :							
MATIN	o	o	o	o	o	o	o
(à haute voix) SOIR	o	o	o	o	o	o	o
2. Je lis ma carte des intentions avec enthousiasme 3x par jour :							
MATIN	o	o	o	o	o	o	o
MIDI	o	o	o	o	o	o	o
SOIR	o	o	o	o	o	o	o
3. Au fur et à mesure de la journée, j'identifie des actes de liberté avec le pouvoir de concentration d'une loupe et je les note sur une fiche (voir quelques exemples ci-dessous).	o	o	o	o	o	o	o
4. Après ma séance assise du soir, je relis ma fiche et j'entoure l'exemple que je trouve le meilleur.	o	o	o	o	o	o	o

Je tiens toujours mes promesses.

Voici quelques exemples d'actes de liberté. Des enfants qui sont eux-mêmes, des gens qui expriment clairement leurs demandes, les animaux de compagnie, un comportement ou une attitude authentique, des gens qui rient d'eux-mêmes, la confiance, des gens qui prennent des risques, l'encouragement, tous les animaux... Notez chaque exemple d'acte de liberté observé durant la journée sur une fiche dédiée à cet effet. Trouvez quelques exemples à vous ! Plus vous identifiez la liberté, plus vous expérimenterez la liberté. Recherchez-la partout et utilisez la Loi immuable de la Croissance pour la faire grandir dans votre cœur.

Chaque jour le nombre d'exemples de liberté observés chez vous et chez les autres grandira si vous vous concentrez.

<u>Notes personnelles</u>

La Sixième des 13 Richesses (Semaine 20)

Un Travail d'Amour

Vous venez de lire le texte de la 6ème Richesse ; lisez maintenant ce qui suit à voix haute ; partez de « Je promets de » et allez jusqu'à « Je tiens toujours mes promesses. » Assurez-vous de dire votre nom dans la lecture à voix haute. Ensuite, suivez les quatre étapes comme indiqué.

Je promets de suivre ces quatre étapes aujourd'hui :

	J1	J2	J3	J4	J5	J6	J7
1. Je lis la Sixième Vérité (2ème F) matin et soir :							
MATIN	o	o	o	o	o	o	o
(à haute voix) SOIR	o	o	o	o	o	o	o
2. Je lis ma carte des intentions avec enthousiasme 3x par jour :							
MATIN	o	o	o	o	o	o	o
MIDI	o	o	o	o	o	o	o
SOIR	o	o	o	o	o	o	o
3. Au fur et à mesure de la journée, j'identifie des travaux d'amour au travail et à la maison (voir des exemples ci-dessous) et je les note sur une fiche.	o	o	o	o	o	o	o
4. Après ma séance assise du soir, je relis ma fiche et j'entoure l'exemple que je trouve le meilleur.	o	o	o	o	o	o	o

Je tiens toujours mes promesses.

Voici quelques exemples de travaux d'amour. Une maman qui prend soin de ses enfants, un travailleur joyeux, des gens qui sont bons dans leur travail, des travailleurs qui sourient, les coaches, les artistes, les musiciens, les athlètes, les marchands qui aiment ce qu'ils offrent... Notez chaque exemple de travail d'amour observé durant la journée sur une fiche réservée à cet effet. Trouvez quelques exemples à vous ! Plus vous identifierez la passion pour le travail, plus vous aimerez votre travail. Si la réalisation de votre travail devient un plaisir, vous irez vers les défis plutôt que de les éviter et vous manifesterez plus rapidement votre intention. Laissez votre passion dépasser votre intention et vous acquerrez une richesse spéciale qui élèvera chaque jour votre esprit et vous procurera une énergie infinie.

Chaque jour le nombre d'exemples de travaux d'amour observés chez vous et chez les autres grandira si vous vous concentrez.

<u>Notes personnelles</u>

La Septième des 13 Richesses (Semaine 21)

L'Harmonie Dans Toutes les Relations

Vous venez de lire le texte de la 7ème Richesse ; lisez maintenant ce qui suit à voix haute ; partez de « Je promets de » et allez jusqu'à « Je tiens toujours mes promesses. » Assurez-vous de dire votre nom dans la lecture à voix haute. Ensuite, suivez les quatre étapes comme indiqué.

Je promets de suivre ces quatre étapes aujourd'hui :

	J1	J2	J3	J4	J5	J6	J7
1. Je lis la Septième Vérité (E) matin et soir :							
MATIN	O	O	O	O	O	O	O
(à haute voix) SOIR	O	O	O	O	O	O	O
2. Je lis ma carte des intentions avec enthousiasme 3x par jour :							
MATIN	O	O	O	O	O	O	O
MIDI	O	O	O	O	O	O	O
SOIR	O	O	O	O	O	O	O
3. Au fur et à mesure de la journée, j'identifie des relations harmonieuses autour de moi (voir des exemples ci-dessous) et je les note sur une fiche.	O	O	O	O	O	O	O
4. Après ma séance assise du soir, je relis ma fiche et j'entoure l'exemple que je trouve le meilleur.	O	O	O	O	O	O	O

Je tiens toujours mes promesses.

Voici quelques exemples de relations harmonieuses. Des personnes se serrant la main, s'embrassant, qui écoutent, qui se regardent dans les yeux, qui s'entraident, qui rient ensemble, des équipes, des gens qui disent oui, la nature... Notez chaque exemple de relation harmonieuse observée durant la journée sur une fiche réservée à cet effet. Trouvez quelques exemples à vous ! Plus vous identifiez l'harmonie, plus l'harmonie imprègnera votre vie. Ne jugez personne. Laisser votre harmonie pénétrer vos relations avec les autres et remarquez à quelle vitesse se focaliser intensément sur l'harmonie rapporte de riches dividendes dans la maîtrise de la Loi de la Croissance.

Chaque jour le nombre d'exemples de relations harmonieuses observées chez vous et chez les autres grandira si vous vous concentrez.

<u>Notes personnelles</u>

La Huitième des 13 Richesses (Semaine 22)

Faire Croître Ma Richesse Avec l'Autodiscipline

Vous venez de lire le texte de la 8ème Richesse ; lisez maintenant ce qui suit à voix haute ; partez de « Je promets de » et allez jusqu'à « Je tiens toujours mes promesses. » Assurez-vous de dire votre nom dans la lecture à voix haute. Ensuite, suivez les quatre étapes comme indiqué.

Je promets de suivre ces quatre étapes aujourd'hui :

	J1	J2	J3	J4	J5	J6	J7
1. Je lis la Vérité du jour matin et soir :	1ère G	2è I	3è R	4è A	5è F	6è F	7è E
MATIN	O	O	O	O	O	O	O
(à haute voix) SOIR	O	O	O	O	O	O	O
2. Je lis ma carte des intentions avec enthousiasme 3x par jour :							
MATIN	O	O	O	O	O	O	O
MIDI	O	O	O	O	O	O	O
SOIR	O	O	O	O	O	O	O
3. Au fur et à mesure de la journée, j'identifie des exemples d'autodiscipline et de gratification différée (voir des exemples ci-dessous) et je les note sur une fiche.	O	O	O	O	O	O	O
4. Après ma séance assise du soir, je relis ma fiche et j'entoure l'exemple que je trouve le meilleur.	O	O	O	O	O	O	O

Je tiens toujours mes promesses.

Voici quelques exemples d'autodiscipline et de sa racine, la gratification différée. Des engins d'exercices physiques, manger modérément, faire une chose à la fois, une attention complète et non dispersée, refuser les desserts, décliner les invitations à faire du social jusqu'à ce que le travail soit achevé, la patience, les gens bien préparés... Notez chaque exemple d'autodiscipline et de gratification différée observé durant la journée sur une fiche destinée à cet effet. Trouvez quelques exemples à vous ! Plus vous trouverez d'exemples d'autodiscipline, plus vite et plus forte celle-ci grandira en vous.

Chaque jour le nombre d'exemples d'autodiscipline et de gratification différée observés chez vous et chez les autres grandira si vous vous concentrez.

<u>Notes personnelles</u>

La Neuvième des 13 Richesses (Semaine 23)

Faire Croître Ma Richesse Avec la Gentillesse

Vous venez de lire le texte de la 9ème Richesse ; lisez maintenant ce qui suit à voix haute ; partez de « Je promets de » et allez jusqu'à « Je tiens toujours mes promesses. » Assurez-vous de dire votre nom dans la lecture à voix haute. Ensuite, suivez les cinq étapes comme indiqué.

Je promets de suivre ces cinq étapes aujourd'hui :

	J1	J2	J3	J4	J5	J6	J7
1. Je lis la Vérité du jour matin et soir :	1ère G	2è I	3è R	4è A	5è F	6è F	7è E
MATIN	O	O	O	O	O	O	O
(à haute voix) SOIR	O	O	O	O	O	O	O
2. Je lis ma carte des intentions avec enthousiasme 3x par jour :							
MATIN	O	O	O	O	O	O	O
MIDI	O	O	O	O	O	O	O
SOIR	O	O	O	O	O	O	O
3. Je m'engage à réaliser deux actes aléatoires de gentillesse ou plus chaque jour	O	O	O	O	O	O	O
4. Au fur et à mesure de la journée, j'identifie la gentillesse partout et je note mes observations sur une fiche (voir des exemples ci-dessous)	O	O	O	O	O	O	O
5. Après ma séance assise du soir, je relis ma fiche et j'entoure l'exemple que je trouve le meilleur.	O	O	O	O	O	O	O

Je tiens toujours mes promesses.

Voici quelques exemples de gentillesse. Des bonnes manières, des compliments, des gens aidant d'autres gens, des conseils sans attente de retour, des encouragements, la compassion, l'empathie. Notez chaque exemple de gentillesse observé durant la journée sur une fiche réservée à cet effet. Trouvez quelques exemples à vous ! Plus vous trouvez d'exemples de gentillesse, plus gentil devient le monde et vous réalisez à quel point tout est bon et aussi incroyablement abondant.

Chaque jour le nombre d'exemples de gentillesse observés chez vous et chez les autres grandira si vous vous concentrez.

<u>Notes personnelles</u>

La Dixième des 13 Richesses (Semaine 24)

L'Espoir

Vous venez de lire le texte de la 10ème Richesse ; lisez maintenant ce qui suit à voix haute ; partez de « Je promets de » et allez jusqu'à « Je tiens toujours mes promesses. » Assurez-vous de dire votre nom dans la lecture à voix haute. Ensuite, suivez les cinq étapes comme indiqué.

Je promets de suivre ces cinq étapes aujourd'hui :

	J1	J2	J3	J4	J5	J6	J7
1. Je lis la Vérité du jour matin et soir :	1ère G	2è I	3è R	4è A	5è F	6è F	7è E
MATIN	O	O	O	O	O	O	O
(à haute voix) SOIR	O	O	O	O	O	O	O
2. Je lis ma carte des intentions avec enthousiasme 3x par jour :							
MATIN	O	O	O	O	O	O	O
MIDI	O	O	O	O	O	O	O
SOIR	O	O	O	O	O	O	O
3. J'encourage au moins une personne aujourd'hui.	O	O	O	O	O	O	O
4. Au fur et à mesure de la journée, j'identifie l'espoir partout (voir des exemples ci-dessous) et je note mes observations sur une fiche.	O	O	O	O	O	O	O
5. Après ma séance assise du soir, je relis ma fiche et j'entoure l'exemple que je trouve le meilleur.	O	O	O	O	O	O	O

Je tiens toujours mes promesses.

Voici quelques exemples d'espoir. Des encouragements, aider une personne dans le besoin, envoyer un message de soutien à un ami, les projets humanitaires, se remettre au travail après un échec, poursuivre l'entraînement malgré la fatigue, une personne optimiste, etc... Notez chaque exemple d'espoir observé durant la journée sur une fiche réservée à cet effet. Trouvez quelques exemples à vous ! Plus vous trouverez d'exemples d'espoir, plus l'espoir et tous ses bienfaits vous accompagneront dans tous vos projets.

Chaque jour le nombre d'exemples d'espoir observés chez vous et chez les autres grandira si vous vous concentrez.

<u>Notes personnelles</u>

La Onzième des 13 Richesses (Semaine 25)

La Volonté de Partager les Bienfaits

Vous venez de lire le texte de la 11ème Richesse ; lisez maintenant ce qui suit à voix haute ; partez de « Je promets de » et allez jusqu'à « Je tiens toujours mes promesses. » Assurez-vous de dire votre nom dans la lecture à voix haute. Ensuite, suivez les quatre étapes comme indiqué.

Je promets de suivre ces quatre étapes aujourd'hui :

	J1	J2	J3	J4	J5	J6	J7
1. Je lis la Vérité du jour matin et soir :	1ère G	2è I	3è R	4è A	5è F	6è F	7è E
MATIN	O	O	O	O	O	O	O
(à haute voix) SOIR	O	O	O	O	O	O	O
2. Je lis ma carte des intentions avec enthousiasme 3x par jour :							
MATIN	O	O	O	O	O	O	O
MIDI	O	O	O	O	O	O	O
SOIR	O	O	O	O	O	O	O
3. Au fur et à mesure de la journée, j'identifie des exemples de partage de bienfaits et je les note sur une fiche (voir des exemples ci-dessous)	O	O	O	O	O	O	O
4. Après ma séance assise du soir, je relis ma fiche et j'entoure l'exemple que je trouve le meilleur.	O	O	O	O	O	O	O

Je tiens toujours mes promesses.

Voici quelques exemples de partage de bienfaits. Offrir du temps, donner sans qu'on le demande, partager une boisson, un repas, une histoire, un livre, une information, donner de l'attention. Notez chaque exemple de partage de bienfaits observé durant la journée sur une fiche réservée à cet effet. Trouvez quelques exemples à vous ! Plus vous trouverez d'exemples de partage et de transparence, plus les autres partageront avec vous et l'harmonie pour laquelle vous avez œuvré dans toutes les relations se transformera en amour.

Chaque jour le nombre d'exemples de partage de bienfaits observés chez vous et chez les autres grandira si vous vous concentrez.

<u>Notes personnelles</u>

La Douzième des 13 Richesses (Semaine 26)

Jouer

Vous venez de lire le texte de la 12ème Richesse ; lisez maintenant ce qui suit à voix haute ; partez de « Je promets de » et allez jusqu'à « Je tiens toujours mes promesses. » Assurez-vous de dire votre nom dans la lecture à voix haute. Ensuite, suivez les quatre étapes comme indiqué.

Je promets de suivre ces quatre étapes aujourd'hui :

	J1	J2	J3	J4	J5	J6	J7
1. Je lis la Vérité du jour matin et soir :	1ère G	2è I	3è R	4è A	5è F	6è F	7è E
MATIN	O	O	O	O	O	O	O
(à haute voix) SOIR	O	O	O	O	O	O	O
2. Je lis ma carte des intentions avec enthousiasme 3x par jour :							
MATIN	O	O	O	O	O	O	O
MIDI	O	O	O	O	O	O	O
SOIR	O	O	O	O	O	O	O
3. Au fur et à mesure de la journée, j'identifie des situations de jeu et je les note sur une fiche (voir des exemples ci-dessous).	O	O	O	O	O	O	O
4. Après ma séance assise du soir, je relis ma fiche et j'entoure l'exemple que je trouve le meilleur.	O	O	O	O	O	O	O

Je tiens toujours mes promesses.

Voici quelques exemples de jeux. Chanter, danser, les jeux de société, l'athlétisme, le sport, les puzzles, les blagues, l'humour, le rire. Notez chaque exemple de jeu observé durant la journée sur une fiche dédiée à cet effet. Trouvez quelques exemples à vous ! Plus vous identifierez le jeu, plus vous aurez de chances de jouer et moins vous serez dans la gêne et plus à l'aise vous deviendrez.

Chaque jour le nombre d'exemples de jeu observés chez vous et chez les autres grandira si vous vous concentrez.

<u>Notes personnelles</u>

La Treizième des 13 Richesses (Semaine 27)

La Richesse Financière

Vous venez de lire le texte de la 13ème Richesse ; lisez maintenant ce qui suit à voix haute ; partez de « Je promets de » et allez jusqu'à « Je tiens toujours mes promesses. » Assurez-vous de dire votre nom dans la lecture à voix haute. Ensuite, suivez les cinq étapes comme indiqué.

Je promets de suivre ces cinq étapes aujourd'hui :

	J1	J2	J3	J4	J5	J6	J7
1. Je lis la Vérité du jour matin et soir :	1ère G	2è I	3è R	4è A	5è F	6è F	7è E
MATIN	O	O	O	O	O	O	O
(à haute voix) SOIR	O	O	O	O	O	O	O
2. Je lis ma carte des intentions avec enthousiasme 3x par jour :							
MATIN	O	O	O	O	O	O	O
MIDI	O	O	O	O	O	O	O
SOIR	O	O	O	O	O	O	O
3. Je répète « Je vois l'abondance partout » 20 fois dans la journée.	O	O	O	O	O	O	O
4. Au fur et à mesure de la journée, j'identifie des transactions et des clients bien servis et je les note sur une fiche (voir des exemples ci-dessous)	O	O	O	O	O	O	O
5. Après ma séance assise du soir, je relis ma fiche et j'entoure l'exemple que je trouve le meilleur.	O	O	O	O	O	O	O

Je tiens toujours mes promesses.

Voici quelques exemples de transactions de service. Des marchands au travail, des biens et des services qui passent de main en main, des gens qui achètent, des vêtements portés par les gens, des moyens de transport utilisés, des travailleurs, des gens travaillant dans les services. Notez chaque exemple de transaction de service observée durant la journée sur une fiche dédiée à cet effet. Trouvez quelques exemples à vous ! Plus vous identifiez de transactions et de gens qui les exécutent avec succès, plus des opportunités de servir et de gagner vont se présenter dans votre vie. Vous augmentez la réussite financière avec la même Loi de la Croissance que pour tout le reste.

Chaque jour le nombre d'exemples observé de transactions de service réussies chez vous et chez les autres grandira si vous vous concentrez.

<u>Notes personnelles</u>